14. Satire gegen Hitler
Kabarett im Exil

W0191260

Reinhard Hippen
Satire gegen Hitler
Kabarett im Exil

Kabarettgeschichte-n
pendo-Verlag

Kabarettgeschichte-n
Herausgeber und Gestaltung:
Reinhard Hippen

© Copyright by Reinhard Hippen
(Deutsches Kabarett Archiv).
© Copyright und Aufführungsrechte der
Texte bei den jeweiligen Autoren.
© Copyright für die vorliegende Aus-
gabe pendo-Verlag, Zürich, 1986.

Gesamtherstellung: Kösel, Kempten

ISBN 385842 201 0

Für alle Emigranten
deren Schicksal ich kennenlernen durfte.

Inhalt

Inhalt
Texte alphabetisch nach den Namen der Autoren

Vorbemerkung

Innerhalb dieser – auf 25 Bände angeleg-
ten – Buchreihe „Kabarettgeschichte-n"
sind Abgrenzungen notwendig und
Überschneidungen bei Personen, die in
verschiedenen Zeitabschnitten der Kabarettgeschichte seit 1901 tätig waren,
unvermeidlich. Deshalb beschränkt sich
dieser Band auf die ins Ausland emigrierten deutschsprachigen Kabaretts und die
im Ausland von deutschen und österreichischen Emigranten neu gegründeten
Kabaretts. Antifaschistische Kabaretts,
die in dem gleichen Zeitraum von Öster-
reichern oder Schweizern in den jeweiligen Ländern gegründet wurden, werden
in gesonderten Bänden dargestellt.
Ebenso wird ein Band dieser Reihe auch
dem Kabarett gewidmet, das vor und
nach 1933 noch in Deutschland möglich
war, und ein weiterer Band den Agitprop-Truppen, die auch vor 1933 und
dann im Exil gegen den Faschismus
kämpften. Die antifaschistische Satire in
anderen Medien, wird ebenfalls in gesonderten Bänden behandelt.

Eine Übersicht der veröffentlichten und
geplanten Bände der „Kabarettgeschichte-n" befindet sich im Anhang dieses Buches. Diese Buchreihe soll keineswegs
die bereits entstandenen historischen Ge-
samtdarstellungen des Kabaretts von
Klaus Budzinski, Heinz Greul, Rudolf
Hösch, von Walter Rösler und Rainer
Otto ergänzen oder verbessern, sondern
hiermit soll erstmalig das umfangreiche,
seit über 25 Jahren im „Deutschen Kabarett Archiv" in Mainz von mir gesam-
melte Material, in gedruckter Form der
Öffentlichkeit zugänglich gemacht werden. Wenn es diesem Buch dabei gelingt,
den Erkenntnisspaß an der Kunst des
Kabaretts zu vergrößern, dann hat es seine Absicht voll und ganz erfüllt.

Mainz, Oktober 1986
Reinhard Hippen

Die Schleuder Davids

Am Montag, dem 30. Januar 1933, erfolgte in Deutschland die Machtübergabe an Adolf Hitler. Er ist dreiundvierzig Jahre alt, seit knapp einem Jahr deutscher Staatsbürger, Führer der „Nationalsozialistischen Deutschen Arbeiterpartei", der NSDAP, und Verfasser des Buches „Mein Kampf". Von allen folgenden staatlichen Maßnahmen und Gewaltakten des deutschen Faschismus und seiner Helfershelfer – Gleichschaltung, Verfolgung und Vertreibung aus rassischen oder politischen Gründen – war auch das Kabarett in Deutschland sowie in den später okkupierten Ländern betroffen, was zu einer Emigration von Kabarettautoren und -interpreten führte, deren Zahl auf dreitausend geschätzt wird. Einige von ihnen – wie Robitschek und Hollaender – konnten im Ausland Fuß fassen, andere – wie Tucholsky und der Conférencier Paul Nikolaus – starben im Exil verbittert durch eigene Hand. Diejenigen, die den Faschisten in die Hände fielen, fanden zum großen Teil den Tod in den Konzentrationslagern. Die Kabarettisten konnten getötet werden, aber nicht das Kabarett. Es lebte in mehr als zwanzig Asylländern weiter, wo deutsche und österreichische antifaschistische Künstler ein Ruhmeskapitel der Kabarettgeschichte schrieben. Das Kabarett war im Kampf der Emigranten gegen den Nazismus eine bevorzugte Äußerungsform. Es benötigte – und das war unter den Bedingungen der Emigration von großer Bedeutung – bei einem Maximum an Wirkung nur ein Minimum an Ausstattung und konnte schnell auf aktuelle Ereignisse reagieren. Es diente vor allem dazu, ihr Zusammengehörigkeitsgefühl zu stärken und gleichzeitig in den Gastländern über den wahren Charakter des Naziregimes aufzuklären. Die

„Der deutsche Staatsbürger und sein Schutzgeist"

meisten Exilkabaretts spielten ihre Programme in deutscher Sprache, nur wenige Gruppen, vor allem außerhalb des englischen Sprachraums, verwendeten in ihren Aufführungen die jeweilige Landessprache.

Funktion, Wanderung und Wirkung des derart entstandenen Kabaretts im Exil waren abhängig von den im Ausland vorgefundenen Verhältnissen, ferner von den gegenseitigen Tendenzen der Exilierten und nicht zuletzt von den historischen Ereignissen zwischen 1933 und 1945. Deutschlands Okkupationen in Europa trieben die Kabarettpraktiker zu immer erneuter Flucht. Es war ein Kabarett unter besonderen, historischen, politischen, gesellschaftlichen, sprachlichen und existentiellen Bedingungen. Es war ein Kabarett der Improvisation, nahezu über die ganze Welt verstreut und zumeist im Kampf mit der Bürokratie, zugleich aber ein Kabarett der Notwendigkeit und des antifaschistischen Engagements. Politik und Geschichte lagen ihm thematisch näher als Bildung und Unterhaltung, so daß Agitation und Aufklärung wichtigere Motive bildeten als Literatur und Vergnügen. Seine Ästhetik war dialektisch. Als Kabarett unter außerordentlichen Bedingungen von bisher nicht gekannter Vielfalt machte es viele neue Erfahrungen, ja Entdeckungen und prägte die Form des politisch-satirischen Kabaretts, wie es nach 1945 auch in Deutschland fortgesetzt wurde. Durch das Kabarett im Exil wurde ebenso die kritische Tradition aus den zwanziger Jahren gerettet, wie Avantgarde initiiert, wurde die theatralische Landschaft der Asylländer bereichert und die internationale Solidarität der Menschlichkeit gefördert.

Im antifaschistischen Widerstand erhielt das satirisch-politische Kabarett schlagartig eine ungewöhnlich große Bedeutung für viele Künstler, die mitunter ganz verschiedene ideologische Positionen und ästhetische Konzepte vertraten. Sie alle einte das Bestreben, angesichts der unmittelbaren Bedrohung durch den Faschismus die Gestaltungsform selbst zum Instrument des Kampfes zu machen. Man wollte nicht nur den Gegner und die Ziele sowie den Kampf selbst in den Darstellungen abbilden, diese nicht nur als neue Inhalte aufnehmen, sondern griff zur Gestaltungsform des unmittelbaren Kampfes. Die Bedeutung dieser satirischen Methode läßt sich gerade aus dem Willen und der Entscheidung vieler Kabarettisten zum „Gegenangriff" ableiten, aus dem Bestreben, den faschistischen Angriff sofort zurückzuschlagen, wissend, daß man selbst bereits mit dem Rücken an der Wand steht. Die Situation des Gegenangriffs zwingt dazu, jede Schwäche des Gegners zu nützen, jeden Schritt, den er tut, direkt zu beantworten; die Realität des Faschismus gibt der darstellenden Satire im Exilkabarett unmittelbarer als sonst ihre genauen An-

„In meinem Staate kann jeder nur nach meiner Facon selig werden"
Zeichnung: Karl Arnold

griffspunkte vor – und sie tut es in reichlichem Maß. Die Eigenart faschistischer Herrschaftsformen provoziert geradezu ihre satirische Darstellung. Lüge und Verstellung gehören zu seiner Herrschaftspraxis. Der Aufwand an Schein und Inszenierung – die Theatralik der Massenveranstaltungen, die Ritualisierung des öffentlichen Lebens – der ganze Pomp, den der Faschismus benötigte, wird in den kabarettistischen Satiren zerstört. Dabei heftet sich die antifaschistische Satire gerade und bevorzugt an diesen Schein, um ihn zum einen als Schein zu entlarven und zum anderen um den Zustand der menschlichen Identität im Faschismus zu entblößen: „Wer am herrschenden System erfolgreich partizipieren will, muß ein Schauspieler, ein Lügner, eine Marionette sein. Wer überleben will, muß sich verstellen können. Wer widerstehen will, muß listig seine Identität verleugnen und seine Rollen besser spielen können als die Faschisten. Satirische Faschismuskritiken handeln daher von Masken und Schelmen, von Schauspielern und Doppelgängern, von Vor-

„Hitler hat nichts Böses gewollt.
Er war immer nur Lyriker"

hung durch bestehende Zustände mit der Kraft des Lachens zu entlarven.

Im politisch-satirischen Exilkabarett werden die einzelnen Szenen und Nummern zusammengehalten durch den gemeinsamen Gegner, den sie attackieren. Geht dieses einheitsstiftende Zentrum verloren, so droht das Kabarett – begünstigt durch seine universelle Mischform – in Albernheit zu zerbröckeln. Diese Gefahr verweist auf die zwiespältige Herkunft des Kabaretts: Zum einen ging es aus dem „Cabaret", dem elitären Amüsement-Betrieb des Bürgertums hervor, zum anderen reicht es zurück in die Praxis engagierter proletarischer Aufklärung und der Arbeit der Agitprop-Truppen der zwanziger Jahre. In der Gefahr, die satirischen Effekte im Handlungsspielraum zwischen ablenkendem Nonsens-Spaß und aufklärendem Erkenntnis-Spaß falsch zu nutzen, steht das Kabarett bis heute. Das Kabarett, das sich im Exil emanzipiert hat, mit der Gewißheit, daß der deutsche Faschismus nicht überleben wird und mit der Hoffnung, daß das kritische Bewußtsein derer noch zu wecken ist, die für eine funktionsfähige Demokratie noch zu retten sind.

spiegelung und Nachahmung. In der ästhetischen Konzeption dieser Satiren steckt eine politische Kritik: die Menschen unter dem Faschismus kommen nicht zu sich selbst", hebt Uwe Naumann in seiner Analyse der satirischen Faschismuskritik „Zwischen Tränen und Gelächter" hervor.

Die antifaschistische Satire findet im Exil in verschiedenen Formen ihren Ausdruck: In Romanen und satirischen Zeitschriften, in Theater- und Rundfunkproduktionen, im Flüsterwitz und auf Flugblättern, in Fotomontagen und Karikaturen. Nicht zuletzt daraus ergibt sich der große Reichtum satirischer Darstellungsmöglichkeiten und vor allem auch ihre unmittelbare Volkstümlichkeit, ihre Fähigkeit, die tiefe Problematik und Bedro-

Exil in der Schweiz

„Die Schweiz ist ein Land, das berühmt dafür ist, daß sie dort frei sein können. Sie müssen aber Tourist sein", heißt es im neunten der „Flüchtlingsgespräche" von Bertolt Brecht, der selbst 1933 in die Schweiz geflüchtet war. Brecht spielt damit auf die Schweizer Asylgesetze an, die nur dem Asyl gewährten, der „sich durch ruhiges Verhalten dessen würdig" zeigt und wie es im Schweizer Asylrecht weiter heißt: „Sie gewährt ihnen aber kein Asyl, wenn sie auf unserm Gebiet ihre Umtriebe und Angriffe auf die Existenz und Rechtssicherheit anderer Staaten fortsetzen." So korrekt und unparteiisch diese Erklärung auch klingt, angesichts der Massenverfolgungen und Massenvernichtung von Menschen durch den Faschismus wirkt sie geradezu grotesk. Dem politisch Verfolgten wurde nur dann Asyl gewährt, wenn er sich von dem politischen Engagement lossagte, das seine Flucht veranlaßte. Im Jahre 1933 verlangten die Schweizer Flüchtlingsgesetze, daß sich der Ausländer innerhalb einer gesetzten Frist bei den Behörden meldet, die dann über die Erteilung einer Aufenthaltsbewilligung zu befinden hatten. Die Gesetze schrieben vor, daß dabei die geistigen, wirtschaftlichen Interessen sowie der Grad der „Überfremdung" des Landes berücksichtigt werden müßten. Aber selbst dann, wenn der Flüchtling eine Aufenthaltsbewilligung erhielt, war er gezwungen, sich dem Arbeitsverbot wie dem Verbot jeglicher politischen Betätigung zu unterwerfen. Damit wollte man erreichen, daß die Verfolgten die Schweiz nur als Durchgangsstation betrachteten und das Land bald wieder verließen. Tatsächlich hatten sich aus diesem Grund auch viele Schriftsteller, Schauspieler und Kabarettisten nur für kurze Zeit in der Schweiz aufge-

„Die neue Zeit marschiert"
Zeichnung: A. Paul Weber

halten. Eine der größten Härten dieser Gesetzgebung bestand jedoch darin, daß man jüdische Flüchtlinge, die infolge der faschistischen Rassengesetzgebung geflohen waren, nicht als politische Emigranten anerkannte.

Eine neue Situation trat ein, als Hitler 1938 Österreich annektierte und zahlreiche Juden auswandern mußten. Die Schweiz reagierte darauf mit einem Visumzwang für Inhaber österreichischer Pässe und drohte, diese Bestimmung für alle Deutschen einzuführen. Was sich daraufhin abspielte, gehört zu den dunkelsten Kapiteln schweizerischer Flüchtlingspolitik: In Verhandlungen mit der deutschen Nazi-Regierung erreichte die Schweiz, daß mit Wirkung vom 19. September 1938 alle deutschen Juden durch einen J-Stempel im Reisepaß kenntlich gemacht wurden. Der Schweizer Alfred A. Häsler kommentierte diesen Vorgang

Die Angst
Zeichnung: Clément Moreau

in seinem Buch „Das Boot ist voll" mit folgenden Worten: „Mit der Einführung des ‚J'-Stempels in ihren Pässen waren die deutschen und österreichischen Juden auch gegenüber dem Ausland als die Verfemten, Ausgestoßenen und praktisch Rechtlosen gekennzeichnet." Als Hitler 1939 den Krieg begann, führte die Schweiz verschärfend eine Visapflicht für alle ein- und durchreisenden Ausländer ein. Wer illegal einreiste wurde in das Herkunftsland zurückgeschickt. Der neudeutsch-helvetische Ausdruck „Ausschaffung", mit dem man verfügte, daß der Verfolgte wieder über die Grenze zu bringen sei, wurde für Tausende von Flüchtlingen zur furchtbaren, todbringenden Vokabel. Nach den eingegangenen Rapporten der Polizeiabteilungen zählte man von August 1942 bis 1945 9751 Zurückgewiesene. Im März 1940 gingen die Schweizer Behörden bereits dazu über, die Emigranten und Flüchtlinge in Lagern unterzubringen. Ein Jahr nach diesem Beschluß des Bundesrates gab es bereits zehn Arbeitslager in der

Schweiz. Im August 1942 kam es zur vollständigen Schließung der Grenzen, an denen sich jetzt erschütternde Szenen abspielten. Erst 1944, als sich die Niederlage des deutschen Faschismus abzeichnete, kam es zu einer Lockerung der Asylpraxis. Man ging vor allem im letzten Kriegsjahr dazu über, nunmehr alle aufzunehmen, die an Leib und Leben gefährdet waren.

Für die verfolgten deutschen Satiriker bot sich die Schweiz deshalb an, weil sie die gewohnte Sprache weiter verwenden konnten. So hielt sich der Schriftsteller Max Herrmann-Neiße, dessen Gedichte in den Berliner Kabaretts der Weimarer Republik vorgetragen wurden, ab März 1933 einige Monate in Zürich auf, ehe er über Holland und Paris nach London emigriert. In Zürich traf er Erich Weinert, der aus marxistischer Sicht seine satirische Attacke während des kurzen Schweizer Exils weiterzuführen suchte. Weinert gestand: „Sieben Monate verbrachte ich in der Züricher und Pariser Emigration, lahmgelegt, abgeschnürt vom lebendigen Strom der revolutionären Agitation. Ich habe vieles geschrieben in dieser Zeit, aber es erschien mir dünn und blutlos, Reflex statt Flammen". Selbst Kurt Tucholsky, der vom Oktober 1932 bis September 1933 in Zürich lebte, sah in der Schweiz keinen Kampfplatz gegen den Faschismus. Satiriker wie Felix Salten, der seit März 1939 in Zürich lebte oder Alexander Roda Roda von 1938 bis 1940 in Zürich und Genf, betätigten sich auch nicht öffentlich am politischen Kabarett. Dagegen hatten die verfolgten Autoren Karl Schnog und Hans Sahl Texte für das erste Programm des am 30. 12. 1933 in Zürich eröffneten Kabaretts „Cornichon" geschrieben. Ihre Mitarbeit konnte jedoch nicht fortgesetzt werden, weil Sahl die Aufenthaltsbewilligung nicht verlängert bekam und sich danach illegal in Zü-

rich aufhielt und Schnog ausgewiesen wurde, der dann nach Luxemburg reiste, wo er 1940 beim Einmarsch der Hitler-Wehrmacht verhaftet wurde und seinen Leidensweg durch die Konzentrationslager Dachau, Sachsenhausen und Buchenwald überlebte. Der politisch kompromißloseste Conférencier der Weimarer Republik, Paul Nikolaus war im März 1933 nach Zürich emigriert und nahm sich dort wenig später das Leben. In Abschiedsbriefen an seine Freunde schrieb er: „In Berlin kann ich künftig nicht leben, ohne Berlin kann ich auch nicht leben – also gehe ich."
Als am 1. Oktober 1935 das Münchener Kabarett „Die Nachrichter" verboten wurden, weil sie nach der Reichskulturkammergesetzgebung „nicht die erforderliche Zuverlässigkeit und Eignung im Sinne der nationalsozialistischen Staatsführung" besäßen, und der Mitbegründer Helmut Käutner sich als Filmregisseur betätigte, war für die beiden anderen Initiatoren auch kein Platz mehr in Deutschland. Der Halbjude Bobby Todd ging ins Exil nach Italien und Kurd E. Heyne, der 1933 eine Jüdin geheiratet hatte, durfte auch nicht mehr auftreten, aber er konnte zunächst noch schreiben, bis ihm auch das am 3. Juni 1937 verboten wurde. Er hatte noch Glück. Er fand Arbeit beim Basler Stadttheater und wurde darum nach einigen Kämpfen nicht ausgewiesen und auch nicht ins Flüchtlingslager gesteckt. Obwohl auch sein Kampf um Arbeits- und Aufenthaltsgenehmigung sowie um Nachzugsgenehmigung für seine Frau und sein gerade geborenes Kind mehrere Aktenordner mit Schriftstücken umfaßt:

Polizeidepartement Basel. Kontrollbureau. Abtlg. II Kantons-Fremdenpolizei. Verfügung. Das Kontrollbureau, Abteilung Fremdenpolizei, des Kantons Basel-Stadt ... in Sachen Heyne Kurd,

Die Flucht
Zeichnung: Clément Moreau

geboren 3. Oktober 1906, deutscher Reichsangehöriger, Schauspieler und Schriftsteller ... betreffend Gesuch und Aufenthaltsbewilligung zur Betätigung als Schauspieler und Mitarbeiter bei Radio Basel vom 17. 9. 1938, verfügt: das Gesuch wird abgewiesen; Frist zur Ausreise 5. Oktober 1938. Begründung: Überfremdung. Belastung des Arbeitsmarktes. Die Mitarbeit des Gesuchstellers am Radio Basel entspricht keiner Notwendigkeit ...
Basel, den 26. September 1938. Namens des Polizeidepartements Kontrollbureau. Der Chef der Kantons-Fremdenpolizei. Unterschrift.

Nun, Kurd E. Heyne hatte letztlich Glück und konnte mit seiner Familie den Krieg in Basel überleben. Denn immerhin hatten trotz der beschriebenen Asylproblematik während des Krieges ab 1939 noch 295 381 Flüchtlinge in die Schweiz kommen können. Mitgezählt wurden hierbei allerdings auch jene, die sich nur kurze Zeit in der Schweiz auf-

Plakat an der Schweizer Grenze

hielten, wie die Autoren oder Kritiker Jakob Haringer (1938), Ossip Kalenter (1939), Alfred Kerr (1933), Else Lasker-Schüler (1933–1939), Walter Mehring (1938), Alfred Polgar (1938).

Als am 8. Mai 1945 die Waffen schwiegen, hielten sich noch immer rund 115 000 Flüchtlinge innerhalb der Schweizer Grenzen auf, unter denen Italien, Frankreich, Polen und an vierter Stelle Deutschland als Herkunftsländer an der Spitze standen.

Bereits 1938, angesichts des Verrats von München, hatte Thomas Mann geschrieben: „Unsinn, du siegst... Aber wir brauchen uns deshalb nicht als Untergebene zu fühlen. Geist und Vernunft, seit manchen tausend Jahren gewöhnt, daß es nicht nach ihnen geht auf Erden, sind wahrhaftig nicht widerlegt, geschlagen und Lügen gestraft durch einen so absurden Sieg... Gegen etwas wie Hitler behält man immer recht, es gehe damit aus wie immer."

Schon fünf Jahre früher hatten seine Kinder Klaus und vor allem Erika Mann zuerst in München und dann in Zürich ein Kabarett belebt, zu dem er den Namen gab: „Die Pfeffermühle". Dieses Kabarett sollte auch die eigenständige Kabarettgeschichte der Schweiz nachhaltig beeinflussen.

Pfeffermühle

Zu den Künstlern, die sich durch die verschärfte politische Situation gegen Ende
des Krisenjahres 1932 nicht entmutigen
ließen und nach agressiveren Ausdrucks-
mitteln suchten, gehörte auch Erika
Mann. Sie, die Tochter von Katja und
Thomas Mann, hatte sich bereits als
Schauspielerin und Publizistin einen Namen gemacht. Auch politisch war sie
hervorgetreten. Als sie 1931 in München
auf einer von der Internationalen Frauen-
liga für Frieden und Freiheit einberufe-
nen Versammlung sprach, wurde sie von
der nazistischen Presse heftig angegrif-
fen. Ihre ganze Art, sich von dem natio-
nalistischen Rummel aggressiv abzugren-
zen, rief den Haß der Nazis hervor. In
wilden Beschimpfungen fiel man über sie
her: „Die berüchtigte Erika Mann, Tochter ihres ebenso berüchtigten Vaters",
hieß es in der „Front" und im „Illustrierten Beobachter", sei aufgetreten, „die
Haare über einem nicht ganz kopfähn-
lichen Gebilde im Herrenschnitt frisiert,
kurz, schon rein äußerlich eine Verkör-
perung heilloser Begriffsverwirrung."
Dann war weiter von „Zuhälterinnen der
jüdischen Sklavenhalter", von einer „Zu-
sammenkunft perverser Halbweibchen"
die Rede. Der „Illustrierte Beobachter"
sprach am 29. September 1932 von „bol-
schewistischen Furien und Gänsen, vom
Kopf bis zum Plattfuß pervers deka-
dent". Erika Mann strengte gegen die nazistischen Redakteure eine Beleidigungs-
klage an und erreichte, daß diese Leute
zu je tausendfünfhundert Mark Geldstrafe
verurteilt wurden. Künstlerisch hatte sie
sich auf verschiedenen Gebieten versucht, ohne daß eine Richtung zu erkennen gewesen wäre. Doch dann eröffnete
sie am 1. Januar 1933 mit ihrem Bruder
Klaus und einem kleinen Ensemble das
Kabarett „Pfeffermühle" in der Münch-

1933 Programmheft

1934 Flugblatt der „Nationalen Front", Zürich
gegen die „Pfeffermühle"

ner „Bonbonniere". Wand an Wand mit dem Hofbräuhaus, wo Hitler mit Massenversammlungen den Sprung an die Macht vorbereitete. Klaus Mann charakterisierte das Unternehmen in seinem Lebensbericht „Der Wendepunkt": „... ein literarisches Kabarettprogramm mit stark politischem Einschlag; ein anmutig spielerischer, dabei aber bitterernster leidenschaftlicher Protest gegen die braune Schmach. Die Texte der meisten Nummern – Chansons, Rezitationen, Sketche – waren von Erika (einige von mir); Erika war Conférencier, Direktor, Organisator; Erika sang, agierte, engagierte, inspirierte, kurz, war die Seele des Ganzen". Als zweite tragende Säule der „Pfeffermühle" fungierte Therese Giehse, damals bereits gefeierter Star der Münchener Kammerspiele. Daß die „Pfeffermühle" in München überhaupt noch wirksam werden konnte, verdankte sie allein dem Umstand, daß die faschistische Verfolgungs- und Gleichschaltungswelle im separatistischen Bayern erst einige Wochen später einsetzte als in anderen Teilen Deutschlands. Die Münchner begrüßten die Neugründung mit viel Beifall. Die ersten Vorstellungen waren so überfüllt, daß sich Erika Mann um einen größeren Saal bemühte. Doch dann brannte am 27. Februar 1933 der Reichstag in Berlin, und auch in Bayern beginnt der Terror. In München zog der berüchtigte Ritter von Epp als Gauleiter ein. An eine Fortsetzung des Kabaretts war nicht zu denken. Erika Mann emigrierte in die Schweiz und da sie durch die Heirat mit dem englischen Dichter W. H. Auden die britische Staatsangehörigkeit besaß, gab es bei ihr weniger Paßschwierigkeiten. Therese Giehse, Sybille Schloß und der Komponist und Pianist Magnus Henning folgten ihr. Neu kamen Igor Pahlen, Cilly Wang, die Tänzerin Lotte Goslar, Paul Lindenberg und Robert Trösch hinzu. Trösch, der

Zu buntem Staub gemahlen ward das Schlimme.
Das Mühlchen ging, es ward mit Klang gehöhnt.
Der Schrei der Zeit war eine Pagenstimme.
Der ranken ERIKA hell übertönt.

Schweizer, hatte zuletzt in Gustav von Wangenheims „Truppe 31" gespielt und fand als Mitglied der Kommunistischen Partei kein Engagement mehr an den Schweizer Schauspielhäusern. Mit Erika Mann suchte er nun das Hotel „Hirschen" als Spielstätte der „Pfeffermühle" aus, und hier war eine Mischung von Stundenhotel und Bierlokal. Man saß an kleinen Tischen um die Bühne herum, es wurde serviert, und das Publikum konnte rauchen. Klaus Mann beschrieb die „Pfeffermühle" in der Emigration: „Dieses ungewöhnliche Kabarettprogramm hatte nicht nur sittlichen Ernst und geistige Aktualität, sondern auch Charme, Rhythmus, Laune: Eigenschaften, ohne die keine Gesinnung, sei sie noch so schön, sich bei einem Theaterpublikum durchsetzt." Die „Pfeffermühle" setzte sich durch: Sie gefiel dem Züricher Pu-

Kobolde tanzten, Masken schlangen Reigen.
Man pfiff aus Ehrfurcht, Selbstsucht und Gewalt.
Die GOSLAR hüpfte Spott so lustig-eigen
Wie Rumpelstilzchen tief im Märchenwald.

blikum von Programm zu Programm besser. Thomas Mann schrieb nicht weniger begeistert über das Unternehmen seiner Tochter im Januar 1934 an Hermann Hesse: „Ein Hauptspaß ist der kolossale Erfolg, mit dem Erika hier vorgestern ihr literarisches Cabaret wieder eröffnet hat. Ich freue mich mehr darüber als über den Beifall, der etwa meinem Roman zuteil wird, ein Zeichen freundlich sich einschleichender Abdikation zugunsten der jungen Leute." Und gegen Ende des gleichen Jahres kam er noch einmal auf Erikas Kabarett zurück: „Es wirken eine Reinheit und ein Gesinnungsernst aus dieser Produktion, die überall das Publikum enthusiasmieren." Wegen der diplomatischen Beziehungen der Schweiz zu Nazi-Deutschland durfte die „Pfeffermühle" ihre Satiren gegen den Faschismus nur in getarnter Form

vortragen – eine Situation, in der sich fast alle Emigrantenkabaretts bis zum Kriegsausbruch befanden. Dabei lag der Reiz dieser Darbietungen in der Umschreibung, in der Verfremdung dessen, was gemeint war. So, wie in Deutschland die bürgerliche Opposition jede noch so zarte Anspielung von Werner Finck in seiner Berliner „Katakombe" genau zu deuten wußte, so hellhörig reagierte die Schweizer Öffentlichkeit – teils freundlich, überwiegend feindlich – auf die allegorischen Indirektheiten der „Pfeffermühle". Wenn Erika Mann in glänzender schwarzer Uniform, mit Silberhelm, Breeches und Reitstiefeln ihr Chanson „Der Prinz von Lügenland" vortrug, dann brauchte weder Prinz noch Land beim Namen genannt werden. In einem der ersten Programme spielte Robert Trösch einen Koch mit großen ausladenden Gesten, der die unterschiedlichsten Produkte zur Einheitssuppe zusammensudelte. Mit diesem Koch war Hitler gemeint, der in seiner schamlosen Demagogie alle Klassenunterschiede beiseite schob und seine „nationalsozialistische Volksgemeinschaft" machte. In einer anderen Szene stand Therese Giehse, zur Hälfte mit Lumpen, zur Hälfte mit kaiserlichen und päpstlichen Insignien behangen, in einer Untermeereslandschaft und erzählte das alte Märchen vom Fischer und seiner Frau in der neuen Fassung von Erika Mann: wie der Butt der maßlosen Fischersfrau alle Wünsche erfüllt, daß selbst die „Wehrmacht" in ihrem Sold stand. Doch als sie auch noch verlangte Papst zu werden, da kam die furchtbare Wende. Therese Giehse, die auch die Regie führte, besaß die ungewöhnliche Fähigkeit, Vorgänge mit der Eindringlichkeit zu gestalten, daß es dem Zuschauer den Atem verschlug. Die „Pfeffermühle" schüttete aber nicht nur Hohn und Spott über die faschistischen Machthaber aus, auch der Schmerz, den

Der junge PAHLEN, grollender Schlaraffe,
Abscheu und Hoffnung klingend Ausdruck gab.
(Der tote MÜHSAM schlang des Witzes Waffe,
Und der Erschlagne höhnte aus dem Grab.)

die Nazis Menschen zufügt, fand hier
Gestaltung. So in Klaus Manns „Brief"
über den freiwillig aus dem Leben gegangenen Bruder, gerichtet an die Schwester. Über dessen „Briefe", von Erika
Mann vorgetragen", schrieb am 5. November 1934 die „Neue Zürcher Zeitung": „Ein ‚Brief' von Klaus Mann ist
von rilkescher Gehobenheit und keiner
ist im Zweifel, daß dies der bitterschöne
Brief unserer Generation ist."
Behäbig, im spießigen Lehnstuhl sitzend,
sang Therese Giehse, als fette, satte Bür-
gerin das Chanson von der „Frau X" und
Robert Trösch erzählte im „Lied vom
reichen Mann" die Legende vom sparsa-
men, geizigen Mann, der zu Reichtum
und Macht gelangte. Allerdings blieb bei
diesem Text – wie bei manchen anderen
von Erika Mann – die sozialkritische
Einsicht an der Oberfläche. Sie schrieb

aus moralischem Protest gegen den Faschismus; sie wehrte sich gegen die Ver-
gewaltigung des Menschen. Sie wollte
der Welt in humanistischer Weise dienen
und sah sich dazu im Dritten Reich aller
Möglichkeiten beraubt. Doch durch die
Interpreten der „Pfeffermühle" bekamen
oft auch harmlose Texte eine Schärfe und
politische Präsenz, die die kabarettistischen Darbietungen zur antifaschistischen Demonstration machten. Vor allem durch Therese Giehse, über die
Klaus Mann im „Wendepunkt" schrieb:
„Sie gehörte dazu, von Anfang an, und
mit welcher Intensität, welch unbeding-
ter Einsatz!... Ohne sie wäre die „Pfeffermühle" nicht das geworden, was sie
jahrelang war."
Obwohl sich die „Pfeffermühle" während ihres Bestehens von 1933 bis 1937
nicht ständig in Zürich befand, sondern
Gastspielreisen nach der Tschecho-
slowakai, Holland, Belgien, Luxemburg
unternahm (insgesamt 1034 Vorstellungen in sieben Ländern), zog sie sich immer mehr wütende Proteste zu, sei es,
daß die deutsche Botschaft in Bern die
schweizerische Regierung zum Verbot
der „Pfeffermühle" zu veranlassen suchte, sei es, daß die Schweizer Nazis, die
„Frontisten", mit Krawallen, Saal-
schlachten und schließlich mit scharfen
Schüssen gegen die „Wühlerei der Emigranten" Front machten.
Während eines Gastspiels im Zürcher
Kursaal kam es dann zu brutalen Krawallen der Fröntler, die in Sprechchören
riefen: „Juda verrecke!", Hinaus mit den
Juden!" und „Wir brauchen keine Juden
in der Schweiz!". Einige Zeit setzte die
„Pfeffermühle" ihre Vorstellungen noch
unter Polizeischutz fort, bis schließlich
die Schweizer Behörden dem Kabarett
die Arbeitserlaubnis entzogen. Der Kan-
tonsrat verabschiedete die „Lex Pfeffermühle", nach der ausländischen Kabaretts mit politischer Tendenz das Auftre-

Doch in dem Rausch von Über-Mut und Flottheit
Schob sich die GIEHSE wuchtend in den Raum.
Ein Mords-Trumm Weib, breit, eine Heidengottheit.
Groß, wahrhaft, ernst. Und lastend wie ein Traum.

Ob sie den Weltball an den Busen drückte,
In unseren Aufruhr glotzte, still und stur,
Als Fischersweib wuchs, aufschwoll und – sich bückte:
Es war gewaltig, war ein Stück Natur.

Den Reingehalt von jedem Erdlichtstrahle
Sie haben ihn im Spektrum dargestellt.
Drum unser Dankwort: Mahle, Mühle, mahle
Und streue Pfeffer in den Teig der Welt!!!
Karl Schnog, 1935

ten in Zürich untersagt wurde. Die anderen Kantone schlossen sich dieser Verfügung weitgehend an. Bevor das Ensemble die Schweiz endgültig verließ, stieß auch Walter Mehring, der ebenfalls Nazideutschland verlassen mußte, in Basel zur „Pfeffermühle" und sprach hier mit aggressiver Schärfe seinen „Emigrantenchoral". 1937 unternahm Erika Mann mit ihrem Kabarett noch eine Gastspielreise in die USA, die jedoch zu einem ausgesprochenen Mißerfolg wurde. Trotzdem hat Klaus Mann recht, wenn er die „Pfeffermühle" als „das erfolgreichste und wirkungsvollste theatralische Unternehmen der deutschen Emigration" bezeichnete.

Die antifaschistische Tendenz der „Pfeffermühle" führte letztlich auch dazu, daß am 1. Mai 1934 in Zürich das eigenständige Schweizer Kabarett „Cornichon" (Pfeffergurke) gegründet wurde, bei dem Emigranten wie Dora Gerson und Karl Schnog kurzfristig mitarbeiten konnten. Nach dem Auftrittsverbot ihres Kabaretts schrieb Erika Mann am 22. November 1934 an verschiedene Zeitungsredaktionen in der Schweiz einen Brief, in dem sie noch einmal ihre kabarettistischen Bemühungen darlegte: „Die ‚Pfeffermühle' ist keine ‚Hetzbühne', sie ist keine ‚Parteibühne' und kein ‚Emigranten-Theater'. Sie ist eine Vereinigung von jungen Leuten der verschiedensten Nationalität (Schweizer, Deutsche, Russen, Österreicher), die sich Mühe gibt, auf anständigem Niveau unterhaltend zu sein und auf unterhaltende Art nachdenklich. ‚Die Pfeffermühle gibt zu bedenken…', könnte über unsern Programmen und Einladungen stehen. Wir versuchen in leichter Form, die wir uns gewählt haben, die schweren Dinge zu sagen, die heute gesagt werden müssen, und wir hätten allen Grund, uns zu schämen, wollten wir jemals damit aufhören."

Preußische Geheime Staatspolizei
Der Stellvertretende Chef

Berlin SW 11, den 28. Mai 1936.
Prinz Albrecht Str. 8.

B.Nr. II 1 B 2 - M 111/35 E.

An den
Herrn Reichs-und Preußischen Minister des Innern

Berlin NW 40.

Betrifft: Erika und Klaus Mann.

Zum Schreiben vom 9. Mai 1936 - I A 5758/5013 c.

Erika M a n n ist lediglich durch die zum Teil selbst verfaßten deutschfeindlichen Darbietungen ihres Kabaretts "Die Pfeffermühle" bekannt geworden. Außer den auch dort bereits bekannten Tatsachen liegt weiteres Material gegen Erika M a n n hier nicht vor.

Von Klaus M a n n sind in fast sämtlichen deutschfeindlichen Auslandszeitungen Artikel erschienen, in denen er in gehässigster Weise die politischen und kulturellen Bestrebungen des nationalsozialistischen Deutschlands angreift und verächtlich zu machen versucht. Seine Einstellung ergibt sich zur Genüge aus den in der Anlage beigefügten fotokopierten Zeitungsartikeln. Klaus M a n n ist ferner Herausgeber und Schriftleiter der seit September 1933 im "Querido Verlag" in Amsterdam erscheinenden Monatsschrift "Die Sammlung" und Mitarbeiter der seit dem 15.9.1935 in Prag erscheinenden Monatsschrift "Neue deutsche Blätter". Auch gehört er dem Verband "Deutscher Journalisten im Auslande" an, der bekanntlich den Zusammenschluß aller wegen

ihrer

13-76 3/7 8

33

ihrer deutschfeindlichen Einstellung emigrierten und wegen ihrer Hetztätigkeit im Auslande besonders hervortretenden Schriftsteller darstellt.Zu erwähnen ist noch,daß Klaus M a n n in einem auf dem 13.Internationalen Kongreß des P.E.N.Klubs zu Barcelona am 22.5.1935 "gehaltenen Vortrag in den gehässigsten Ausdrücken die Polterungen,denen die armen unschuldigen Opfer des Nationalsozialismus in den Konzentrationslagern ausgesetzt gewesen seien",geschildert und auch dadurch wieder versucht hat das Ausland - insbesondere Spanien - gegen den nationalsozialistischen Staat aufzuhetzen.

Das mir übersandte Aktenheft über Erika Mann ist in der Anlage beigefügt.

Im Auftrage:
Unterschrift
gez.Müller.

Betrifft: Pfeffermühle, 1936
Aus den Akten des Politischen Archivs
des Auswärtigen Amtes

Der Prinz von Lügenland

Text: Erika Mann
Musik: Eugen Auerbach
„Pfeffermühle", Zürich
1935 vorgetragen von Erika Mann

(Kostüm: Schwarze Reitstiefel und Reithosen, anlie-
gende kurze Jacke aus glänzendem Silberlamé. Flie-
gerkappe aus demselben Material, weiße Reitpeit-
sche. Die Szene spielt mitten im Winter.)

Erika Mann 1934 in der „Pfeffermühle"

Ich bin der Prinz von Lügenland,
Ich lüg, daß sich die Eichen biegen –
Du lieber Gott, wie kann ich lügen,
Lüg alle Lügner an die Wand.

Ich lüge so erfindungsreich
Das Blau herunter von den Himmeln.
Seht Ihr die Luft vom Lügen wimmeln?
Es weht der Wind vom Lügenteich.

Der liebe Sommer naht sich jetzt,
Schon sprießen Knospen an den Bäumen,
Lieb Veilchen gelb die Wiesen säumen,
Im Kriege ward kein Mann verletzt.

Ha, ha! Ihr glaubt's, ich merk' es ja.
Ich kann in Euren Mienen lesen.
Obwohl es lügenhaft gewesen,
Steht es vor Euch wie Wahrheit da.

Lügen ist schön,
Lügen ist gut,
Lügen bringt Glück,
Lügen schafft Mut,
Lügen haben lange hübsche Beine.
Lügen macht reich,
Lügen sind fein,
Wirken wie wahr,
Waschen dich rein,
Gehn wie Hündlein folgsam an der Leine.

Bei mir daheim im Lügenland
Darf keiner mehr die Wahrheit reden,
Ein buntes Netz von Lügenfäden
Hält unser großes Reich umspannt.

Bei uns ist's hübsch, wir haben's gut,
Wir dürfen unsre Feinde morden.
Verleih'n uns selbst die höchsten Orden
Voll Lügenglanz und Lügenmut.

Wer einmal lügt, dem glaubt man nicht,
Wer immer lügt, dem wird man glauben.
Zum Schluß läßt sich's die Welt nicht rauben,
Daß er die lautre Wahrheit spricht.

Lügen ist recht,
Lügen ist leicht,
Alles ist gut,
Wenn man's erreicht,
Lügen sind zu unserem Zweck die Mittel,
Lügen bringt Ruhm
Dem Lügenland,
Lügen sind bunt
Und elegant;
Dumme Wahrheit geht in grauem Kittel.

Ein Prinz bin ich aus Lügenland,
Ich will die Wahrheit überdauern.
Verborgen hinter Lügenmauern,
Halt ich den wahrsten Stürmen stand.

Ich misch' das Gift, ich schür' den Brand,
Nur so schütz' ich mein Reich vor Kriegen.
Wer mir nicht glaubt, den straf' ich Lügen,
Ich selbst, der Prinz von Lügenland!

Die Welt hat gern mit mir Geduld
Und soll' sie auch zugrunde gehen –
Mich hört man auf den Trümmern krähen:
Daran sind nur die andern schuld!

Lügen sind sanft
Lügen sind fein
Machen Euch still
Singen Euch ein.
Bis zu einem gräßlichen Erwachen,
Laßt's nicht geschehn!

Glaubt ihnen nicht
Schleudert die Wahrheit
Ins Lügengesicht!
Denn die Wahrheit ganz allein kann's machen

Der Koch

Text: Erika Mann
Musik: Magnus Henning
„Pfeffermühle", Zürich
1934 vorgetragen von Robert Trösch

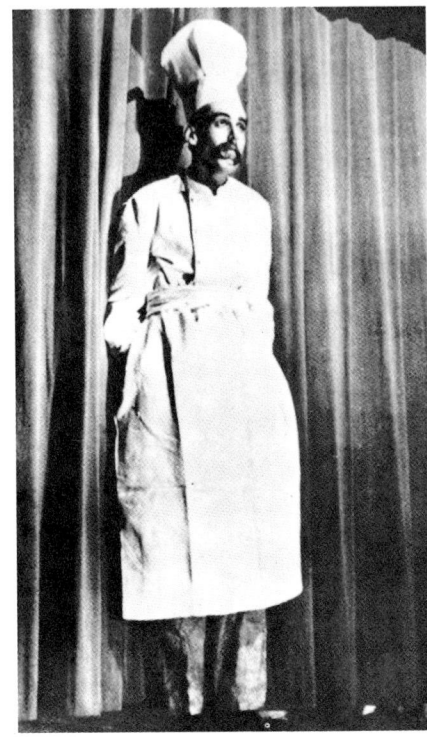

Robert Trösch 1934 in „Der Koch"

Mich kennt man doch, ich bin der Koch,
Der Küchenchef – der Mächtige.
Der alles kann, der alles weiß
Von Parmesan bis Trüffelspeis
Und bis zum Schokoladeneis –
Bin ich der Koch.

Zuallererst krieg ich mein Geld.
Ich bin schon reich.
Wenn man mich nicht bei Laune hält,
Da koch ich gleich vor Wut
Nur grauenhaftes Zeug.
Ich pfeffere die Suppen Euch,
Daß Euch die Augen übergeh'n.
Ich salz die Mehlspeis aus Verseh'n –
Das kann ich doch –
Ich bin der Koch.

Ich schrei die Küchenjungen an.
Ich bin vergnügt.
Wenn einer selber kochen kann:
Pffftt – der fliegt.
Die dürfen spülen, putzen, schälen –
Der Koch bin ich.
Ich könnte Ihnen viel erzählen,
Mit manchem könnte ich Sie quälen
Und brüsten mich.

Als ich die Katze totgeschlagen,
Weil sie so naschhaft war und dreist,
Hab' ich sie gar nicht lang begraben,
Sie ward verspeist.

Ich klopfte sie und salzte sie
Und würzte sie und walzte sie.
Die Küchenkatze ward serviert
Als feines Cote d'Agneau
Der Gast, der nach dem Braten giert,
Genoß sie so.

Er schmatzte froh.
Wie heißt er doch,
Der Küchenchef, der Meisterkoch? –
Ich bin der Koch.

Am liebsten koche ich Pasteten
Und delikat.
Da ist viel Raffinement vonnöten,
Und keiner weiß bei den Pasteten,
Was er da hat.

Ich lasse alle Speisen steh'n,
Bis Schimmelpilze drauf zu seh'n.
Dann schneide ich sie kurz und klein
Und rühre sie und spuck hinein
und mach' noch dies und das hinein,
Damit die Speisen würzig seien.

Ich hacke sie und backe sie,
Garniere sie, verziere sie.
Pasteten à la Wilhelm zwo
Verzehrt der Gast und freut sich so,
Daß sie von höchstem Raffinement
Ein Labsal sind für den Gourmet.
Da preist die Führung: Führung noch,
Den Küchenchef, der Meisterkoch! –
Ich bin der Koch.

Manch' Gast bestellt beim Ober sich,
Recht sorgsam und recht ausführlich,
Ein irish stew auf Führerweis'
Und freut sich kindisch auf die Speis'.

Wenn ich dann nicht bei Laune bin,
Dann schick ich folgendes ihm hin:
Spaghettirest und russisch Borsch
Schütt' ich zusammen frank und forsch.
Ein wenig deutsches Schaf hinein
Wird der Geschichte dienlich sein.
Der Paprika wird nicht gespart
Beim irish stew auf Führerart.
Eintopfgerichte sind beliebt
Bei dem der sie den Leuten gibt.
Der Gast weint leis, weil es so scharf
Und er es nicht bemäkeln darf.
serviert von oben – frißt er's doch –
Ich bin der Koch!

Des Fischers Frau

Text: Erika Mann
Musik: Eugen Auerbach
„Pfeffermühle", Zürich
1934 vorgetragen von Therese Giehse

(Seesterne, Muscheln, bunte Fische, im Netz gefan-
gen, hängen neben angedeuteten Gobelins und anderen Restbeständen aus fürstlicher, ja päpstlicher Be-
hausung. Des Fischers Frau ist kostümlich wie be-
züglich der Maske zweigeteilt: Rechts, staatlich ge-
schminkt, trägt sie allerlei Hälften ihrer prächtigen
Vergangenheit – eine halbe Kaiserkrone, ein Stück
Purpur und Hermelin, ein Stück weißes Papstge-
wand; links, die Miene grau und verfallen, erscheint
sie nicht nur so arm wie ihr Ursprung, vielmehr jam-
mervoll mitgenommen und zerstört. Dem Text entsprechend fällt das Scheinwerferlicht auf Prunk und
Elend.)

Ich bin dem Fischer seine Frau –
Ich wett' Ihr kennt mich recht genau,
Ich hab es weit getrieben;
Im See schwimmt ein verwunschner Butt,
Der alles uns zur Liebe tut,
So steht es aufgeschrieben.

Erst waren wir, daß Gott erbarm,
Nur Fischersleute, klein und arm,
Wir hatten nichts zu beißen.
Ich schickt' den Mann zum Zauberfisch,
Von wegen Haus und Bett und Tisch;
Er tat, was ihm geheißen:

Manntje, Manntje, Timpe te,
Buttje, Buttje, in der See.

Da war'n wir reich, wir hatten Geld
Und alles Gute auf der Welt –
Ich war noch nicht zufrieden;
Ich sagte: „Ich will König sein,
Da wär ich einflußreich und fein –
Der Butt soll mir das bieten."

Der gute Fischer, mein Gemahl,
Lief eilends hin und noch einmal –
Der Butt macht' mich zum König.
Der Fischer rief: „Die Krone blitzt,
Du bist so schön, wie du da sitzt!"
Mir war es noch zu wenig.

„Eh daß ich noch nicht Kaiser bin",
Rief ich in herrisch-stolzem Sinn,
„Eh hab ich keine Ruhe!"
Der Fischer sagte: „Das ist viel
Und ist ein gar gewagtes Spiel,
Ich weiß nicht, ob ich's tue."

Manntje, Manntje, Timpe te,
Buttje, Buttje, in der See.

Dann lief er doch, und gleich und schon
War ich der Kaiser auf dem Thron
Und absolut allmächtig.
Ich durfte richten, wie ich wollt',
Die Wehrmacht stand in meinem Sold –
Wie war ich wild und prächtig!

Da kam der Fischer als mein Mann
Mit einem neuen Vorschlag an,
Er sagte: „Frau laß wählen!
Dann kommt es einmal an den Tag,
Ob uns das Volk auch wirklich mag,
Wir woll'n die Stimmen zählen!"

Ich schickt' das Volk zur Urne hin;
Weil ich der höchste Richter bin,
Kann ich mir das erlauben.
Das Resultat war trotzdem schlecht,
Da fälschte ich es mir zurecht,
Dem Kaiser muß man glauben.

„Hei", rief der Fischer, „jetzt ist's fein,
Du darfst auf immer Kaiser sein."
Ich aber sprach: „Mitnichten.
Der Butt, dem du die Freiheit gabst,
Macht mich nun jedenfalls zum Papst."

Manntje, Manntje, Timpe te,
Buttje, Buttje, in der See.

Therese Giehse 1934 in „Des Fischers Frau"

Mein Mann, der Fischer, wurde blaß,
Er stammelte: „Frau, Herr Papst, ach laß
Dein Herz von dieser Sünde."
„Nein", schrie ich, „nein, jetzt ist's so weit,
Ich will, daß man in Ewigkeit
Mich auch noch göttlich finde."

Manntje, Manntje, Timpe te,
Buttje, Buttje, in der See.

Schwarz war der See, der Donner grollt,
Der Fischer, der es nicht gewollt,
Lief hin zum Bett und zittert –
„Ach, ach und oh, groß ist die Not,
Mein Weib, der Papst, will sein wie Gott..."
Da schwieg der Butt erbittert.

Dann aber fing er an zu schrein
Und höllisch Feuer auszuspein,
Die Welt begann zu wanken.
Fort waren Papstpalast und Schloß
Und Söldnerheer und Waffentroß
Und Kapital und Banken.

Ich wurde Papst, mein heilig Wort
Pflanzt man durch alle Länder fort,
Man murmelt's auf den Knien;
Wallfahrten tat man zu mir her,
Mir schmeichelte das alles sehr –
Wie hoch war ich gediehen!

Ich selbst steh' nackt und obdachlos
Und aller meiner Würden bloß
Und will nun lieber sterben.
Mein Beispiel aber bleibt zurück.
Bedenkt es recht zu eurem Glück,
Und rennt nicht ins Verderben.

Der Fischer sagte: „Frau, du bist,
Voll Herrlichkeit und Hinterlist,
Gebläht bist du zu schauen,
Dein Auge blickt so stolz wie dumm,
Du bist fürwahr ein Unikum
Unter den Fischersfrauen."

Manntje, Manntje, Timpe te!...

(Die letzte Refrainzeile ist voller Entsetzen und wird
wie als Beschwörung gehaucht – ein „Mene, mene
tekel upharsin".)

Da ich jedoch nicht ganz bei Trost,
Hat es mich grenzenlos erbost,
Daß ich nicht Gott geworden.
Ich sagte: „Fischer, geh zum Butt,
Daß er dies letzte Wunder tut,
Dann kriegst du einen Orden."

Frau X

Text: Erika Mann
Musik: Magnus Henning
„Pfeffermühle", Zürich
1933 vorgetragen von Therese Giehse

Therese Giehse 1933 in der „Pfeffermühle"

Ich heiße X und habe einen Laden,
Drin es Verschiedenstes zu kaufen gibt.
Ich will im ganzen keinem Menschen schaden –
Ich und mein Mann, wir sind auch recht beliebt.

Man lügt und man betrügt sich durch die Woche,
Am Sonntag reicht es dann zu Wein und Huhn.
Mit Ehrlichkeit hat unsere Epoche
Und mit Charakter ja nichts mehr zu tun.

Es kräht kein Hahn danach,
Es kräht kein Hahn danach,
Die Hühner lachen leis.
Es schert sich keine Katz,
Weil das doch jeder weiß:
Wer's Pech hat, na, der hat's.

Mein Mann betrügt mich oft, das weiß ich immer,
Und ich betrüge ihn in mancher Nacht.
Er mietet sich zu diesem Zweck ein Zimmer,
Ich und mein Freund, wir haben's oft belacht.

Dabei betrügt mich der mit meiner Jüngsten,
Die lügt mich an, das lebenstücht'ge Ding.
Ja, ja, ich weiß, es war vergangne Pfingsten,
Daß sie zum ersten Male zu ihm ging.

Es kräht kein Hahn danach,
Es kräht kein Hahn danach,
Die Hühner lachen leis.
Es schert sich keine Katz,
Weil das doch jeder weiß:
Wer's Pech hat, na, der hat's.

Und gibt es Krieg, dann muß es ihn halt geben –
Wozu denn sonst das Militär im Land?
Die Industrie will schließlich weiterleben.
Ich und mein Mann, wir haben's längst erkannt.

Wenn wir daheim sind und am Radio hören,
Wie das so funkt und tut' aus manchem Reich.
Und andre Leute lassen sich nicht stören –
Nur Österreich selber ward ein bißchen bleich:

Es kräht kein Hahn danach,
Es kräht kein Hahn danach,
Die Hühner lachen leis.
Es schert sich keine Katz,
Weil das doch jeder weiß:
Wer's Pech hat, na, der hat's.

Wenn wir's nicht hindern, sind wir schnell verloren –
Der Vogel Strauß macht große Politik;
Den Kopf im Sand bis über beide Ohren,
Zwitschert er dumpf: „Ich bin nicht für den Krieg."

Am Ende liegt die Welt in Schutt und Trümmern,
Die wir so listig-tüchtig aufgebaut.
Das Giftgas schwelt in unsern guten Zimmern –
Ich und mein Mann, wir geben keinen Laut.

Jetzt krähn die Hähne all'
Um's blut'ge Morgenrot –
Die Hühner weinen leis.
Zu spät schert sich die Katz,
Die es nun gründlich weiß
Wer's Pech hat, na, der hat's.

Erika Mann 1934 in „Kälte"

Programmheft „Pfeffermühle", 1934

PROGRAMM
DER „PFEFFERMÜHLE" FÜR HOLLAND

SOZUSAGEN FREI . . . . HEINRICH ORTMAYER
         Text Klaus Mann, Musik Magnus Henning

TANZ: DER UNWIRSCH . . . . . . LOTTE GOSLAR
DER SCHUTZENGEL . . . . THERESE GIEHSE
         Text Beranger, Musik Eugen Auerbach

KITSCHPOSTKARTE, SYBILLE. SCHLOSS und M. HENNING
         Text Klaus Mann, Musik Hermann Fels

TANZ: DAS RASSEWEIB . . . . . . LOTTE GOSLAR
DER TODESKANDIDAT . . . . IGOR PHALEN
         Text Erika Mann, Musik Magnus Henning

EIN LIED . . . . .ERIKA MANN
         Text Erika Mann, Musik Magnus Henning

KINDERLIED . . . . SYBILLE SCHLOSS
         Text Erika Mann, Musik Magnus Henning

FRAU X . . . . THERESE GIEHSE
         Text Erika Mann, Musik Magnus Henning

REPORTAGE . . . . DAS ENSEMBLE
         Text Erika Mann, und Klaus Mann, Musik Magnus Henning

PAUSE

KALTES GRAUEN
TEXT VON ERIKA MANN

DIE HERRN VERTRETER . . DIE HERREN DES ENSEMBLES
         UND SYBILLE SCHLOSS
         Musik Magnus Henning

KLEINE TÄNZERIN . . . . LOTTE GOSLAR
DER HUNGERKÜNSTLER. . . . . .HEINRICH ORTMAYER
         Musik Eugen Auerbach

DIE TÜCKE DES OBJEKTS . . . . . SYBILLE SCHLOSS
         Musik Magnus Henning

DIE KRANKENSCHWESTER. . . . . . THERESE GIEHSE
         Musik Magnus Henning

DER KOCH . . . . IGOR PAHLEN
         Musik Eugen Auerbach

DER HELD . . . . LOTTE GOSLAR
DIE DUMHEIT SINGT . . . . THERESE GIEHSE
         Musik Magnus Henning

KÄLTE . . . . ERIKA MANN
         Musik Magnus Henning

AENDERUNGEN UND UMSTELLUNGEN VORBEHALTEN

AN DER BEIDEN FLÜGELN MAGNUS HENNING UND WERNER KRUSE

Kälte

Text: Erika Mann
Musik: Magnus Henning
„Pfeffermühle“, Zürich
1934 vorgetragen von Erika Mann

Bestehn? Ich glaub’ es nicht.
Die Sonne siegt zum Schluß!
Warum? Weil solches Licht
Am Ende siegen muß!

In Winterkälte ward ein Jahr geboren, –
Es ist so zart, – seid sorgsam mit dem Kind!
Man hat der Jahre manches schon verloren,
Und heutzutage geht ein scharfer Wind.

Der Schnee ist bläulich in der dünnen Kälte, –
Die kleinen Bäume frieren arm und kahl;
Zwei Raben kreisen hungrig über’m Felde, –
Ein Bauer stapft daher, wie Rübezahl.

Warum ist es so kalt?
Warum tut Kälte weh?
Warum? Die Welt wird bald
Nur lauter Eis und Schnee.

Kalt ist die Welt, – sie macht sich nichts zu wissen,
Von dem und jenem, was es leider gibt.
Gleichgültigkeit, dies kühlste Ruhekissen,
Ist sehr gefragt und allgemein beliebt.

Wer faselt da von Ungerechtigkeiten?
Von Mord und Marter, die zum Himmel schrein?
Was kümmert’s mich, wenn andre Leute streiten?
Laßt mich in Ruh, – ich mische mich nicht ein!

Warum sind wir so kalt?
Warum, – das tut doch weh!
Warum? Wir werden bald
Wie lauter Eis und Schnee!

Beteiligt Euch, – es geht um Eure Erde!
Und Ihr allein, Ihr habt die ganze Macht!
Seht zu, daß es ein wenig wärmer werde,
In unserer schlimmen, kalten Winternacht.

Die ist erfüllt von lauter kaltem Grauen, –
Solange wir ihm nicht zuleibe gehn;
Wehrt Euch und kämpft, – und dann laßt uns doch schauen,
Ob die Gespenster diesen Kampf bestehen!

Ein Brief

Text: Klaus Mann
„Pfeffermühle", Den Haag
1934 vorgetragen von Erika Mann

Erika Mann 1934 in der „Pfeffermühle"

Ich hätte dir, du liebes altes Stück,
Schon lange schreiben sollen.
Doch du weißt ja, wie schwer es ist.
Es ist so schrecklich schwer.

Der Tag vergeht so schnell mit tausend Dingen.
Am Abend leg ich das Papier zurecht.
Dann wage ich den Brief nicht anzufangen,
Weil ich mich fürchte, daß er traurig wird.

Es war so gut von dir, daß du mir's selber
Geschrieben hast. Dein Bruder hinterließ
Kein Wort für mich. Ganz wortlos ging er fort.
War auch für dich nichts da? Gar keine Zeile?

Und ihr wart Geschwister. Aber keinen Namen
Trägt er für mich. Wie ich es möchte,
Darf ich ihn doch nicht nennen. Also bleib ich still.
Ich habe keinen Namen, ihn zu rufen.

Ich habe nichts zu denken, als nur dies:
Wie leicht vermeidbar es gewesen wäre,
Und daß man ihn doch hätte halten können.
Man hat so viel versäumt. Es liegt an uns.

36

Das glaubst Du nicht? Es zog ihn gar zu sehr?
Er wollte sich von uns nicht halten lassen?
Er hat das Dunkel inniger geliebt
Als alles andre? Mehr als dich und mich?

Das weiß ich schon. Ich hab's so oft gedacht,
Daß es mich müde macht, es noch zu denken.
Er hat das Dunkle fürchterlich geliebt.
Er liebte aber auch die hellen Dinge.

Er litt darunter, daß er nichts verdiente.
Es sind doch so viele andre stellungslos.
Er hätte sicher wieder was gefunden.
Er war zu anspruchsvoll. Man braucht Geduld.

Man braucht Geduld. Es wird viel Arges kommen.
Man trägt es nicht, wenn man nicht doch vertraut –
Ganz heimlich weißt du, daß sich im Gemeinsten
Und Grausigsten ein Andres vorbereitet.

Er haßte, was heut herrscht. Wir hassen's auch.
Er aber tat es maßlos, hoffnungslos.
Man hätte ihn gebraucht – während der großen Kämpfe,
Die kommen werden – und nachher erst recht.

Was für ein Hochmut, sich davonzustehlen,
so abzuwinken: „Weg, laßt mich allein!"
Schon war er schwerelos. Schon lernt er fliegen.
Hebt Flügel. Steigt. Wir starren hin und spüren

Ein Herz so schwer wie Stein – das neubeschwerte
Wird uns am Fliegen und am Fliehen hindern.
Wir müssen drunten bleiben. Unser Platz
Ist mittendrin. Du hältst doch mit mir aus?

Ich kann mir nächstens einmal Urlaub nehmen.
Dann komme ich zu dir. Wir wollen reden.
Nicht nur von ihm. Vor allem. Das tut gut.
Sei brav inzwischen. Ich will's auch versuchen.

Wir können doch nichts schaffen, als nur jeden Tag
Uns Mühe geben, diese arme Welt
Dem etwas ähnlicher zu machen,
Was unser stolzer Bruder, der Leichtgewordene, ertragen hätte.

Das Lied vom reichen Mann

Text: Erika Mann
Musik: Magnus Henning
„Pfeffermühle", Zürich
1934 vorgetragen von Robert Trösch

Es war einmal ein reicher Mann
Der wurde Millionär.
Mit viel fing er zu leben an,
Das wurde täglich mehr.
Bei der Geburt rief alles gleich:
„Beim Himmel, dieses Kind ist reich."

Als Knabe war er rein und zart
Und wußte nichts vom Geld
Und dennoch war das seine Art,
Wer hat, na der behält.
Und wenn es einen Ausflug gab,
Ein Volksfest oder Stück
Gab jeder seinen Groschen ab,
Der Knabe hielt zurück.
Hab' nichts dabei, so sprach er zart
Und irgendwer legts aus.
Macht gar nichts dachte der dabei,
Der hat ja Geld zuhaus.
Er hat ja Geld, er hat ja Geld,
Der Knabe hat viel Geld zuhaus.

Der reiche Knabe wuchs heran,
Sein Geld tat es ihm gleich.
Es wuchs ihm zu, dem reichen Mann,
Denn dieser Mann war reich.
Die Vorzugsfürstenzimmerflucht
Bewohnt er im Hotel,
Und eh er noch darum ersucht,
Umflüstert es ihn schnell.

Es kostet nichts, natürlich nichts, –
Die Ehre ist zu groß.
Und demutsvollen Angesichts
Wird man die Ware los.
Denn jeder, der ihn sieht ruft gleich,
Beim Himmel, dieser Mann ist reich.

Magnus Henning und Therese Giehse 1934 in der
„Pfeffermühle"

Sechs Autos hat der reiche Mann
Weil er Reklame fährt.
Vier Leichtflugzeuge hat man dann
Als nächstes ihm beschert.
Klaviere regnet es bei ihm,
Man sieht auf jedem Bild,
In jeder Zeitung, wie der Herr
Auf den Klavieren spielt.

An einem Tag da stirbt er dann,
Der Überfall im Aufsichtsrat,
Der reiche, reiche, reiche Mann
Betrauert sehr vom Staat.
Und alle Herzen werden weich, –
Beim Himmel, – dieser Herr war reich!

Dem reichen Mann half jeder gern
Denn Geld sehnt sich nach Geld!
Ach, eilt herbei von nah und fern, –
Das Ehrengrab des reichen Herrn
Ist typisch für die Welt.

Die kleine Seejungfrau

Text: Klaus Mann
Musik: Magnus Henning
„Pfeffermühle", Zürich
1934 vorgetragen von Sybille Schloß

(Sie ist von einer blassen, beinahe bläulichen und
empfindlichen Schönheit; selbst der Mund ist blaß.
Der schmiegsame Oberkörper trägt nichts als ein en-
ges, kompliziert verschnürtes Korsett; diesem ent-
fließt das glitzernde Material, das unten zum Fisch-
Schwanz wird.)

Es war ein Haus ganz ersten Ranges,
Wo ich erfolgreich tätig war.
Voll plätschernden Gelächters klang es
Durch Spiegelsaal, Salon und Bar.

Die staatlichen Besucher kamen
In schönen Wagen, oft von weit;
Wir höchst perfekten jungen Damen
Empfingen sie im Abendkleid.

„Herbei, ihr Nixen!" rief die flotte
Frau Chefin, redlich und gewandt.
Das feine Haus war als „die Grotte",
Wir als das Nixenvolk bekannt.

Oh, du kleine kalte,
Etwas rätselhafte Seejungfrau!
– Flüsterte mein dicker Kavalier –
Selbst da ich dich halte,
Fühl' ich mich so weit entfernt von dir.
Deine Augen sind so eisig blau.
Spürst du gar nichts?

Ob sie glühten, schluchzten, brannten –
Mich erschüttert's keine Spur.
Was die Freier „lieben" nannten,
Nannten wir nur „faire l'amour".
Spöttisch dachte ich: Erzähle
Du nur ruhig, wie Liebe brennt;
Ich trag' in mir, statt der Seele,
Ein gar kühles Element.

Plätschernd leicht vergehn die Tage,
Gehn die Jahre, sanft und glatt.
Da kam Kuno, Kuno, sage –
Was mich so verwandelt hat.

Oh, ich arme kalte,
Ganz verwirrte Seejungfrau!
Welch verhängnisvoller Kavalier!
Selbst da ich dich halte,
Bin ich doch nicht nah genug bei dir.
Deine Augen sind so sanft und grau.
Wie ich's spüre!

Er war ein Herr aus besseren Kreisen,
Sehr ernsthaft, freundlichen Gesichts.
Jedoch, es sollte sich erweisen:
Assessor Liban hatte nichts.

So folgte ich ihm aus dem Schimmer
Des Grottenschlosses, und er nahm
Mich mit in sein möbliertes Zimmer.
Oh, welches Glück! Oh, welche Scham!

Oh, süße Scham, von seinem Munde
Zu lernen, was ich kaum versteh!
Was schmerzt mich da wie eine Wunde?
Die neue Seele. Sie tut weh.

Oh, ich fassungslose,
Aus dem Element geriss'ne Seejungfrau!
Du gestrenger, seelenvoller Kavalier!
Selbst da ich dich kose,
Sprichst du noch so furchtbar ernst mit mir.
Was du meinst, begreif' ich nicht genau.
Und ich lausche dir.

Doch der Hunger macht euch noch famose
Grundgescheite Menschen desperat.
Es war wirklich arg mit unsrem Lose –
Ist es unverzeihlich, was ich tat?

Da er schlief, zu morgengrauer Stunde,
Schlich ich in die „Grotte" zu den Herrn.
Seinetwegen macht' ich dort die Runde –
Nicht aus Leichtsinn tat ich's, und nicht
            gern.

Kuno merkte, daß da was nicht stimmte –
Daß ich trieb, was er so gräßlich nennt.
„Teufelsnixe!" schrie der sehr Ergrimmte.
„Scher dich weg, und in dein Element!"

Ach, was bleibt mir kalten,
Unselig-beseelten Seejungfrau?
Ganz zum Ekel ward mir jeder Kavalier.
Dich, mein Liebling, darf ich nicht mehr
    halten.
Aber etwas von mir blieb bei dir.
Was es ist, das weiß ich nicht genau.
Ist es meine Seele?

Therese Giehse und Erika Mann 1935
in der „Pfeffermühle"

Die Dummheit

Text: Erika Mann
Musik: Magnus Henning
„Pfeffermühle", Zürich
1934 vorgetragen von Therese Giehse

Ich bin die Dummheit, hört mein Lied
Und nehmt es nicht so leicht.
Nichts gibt's, soweit das Auge sieht,
Das mir an Dummheit gleicht.
Der Schnee ist weiß, das Meer ist tief,
Ich aber, ich bin dumm,
Der Teufel, der mich erstens rief,
Der wußte wohl warum.
Die Menschheit fürchtet den Verstand,
Sprach Satanas zu mir.
Dich hat noch keiner recht erkannt,
Mein liebstes Mordsgetier.
Ja, um Gotteswillen, bin ich dumm!
Der Leute Hirn verklebe ich,
Ich nag' an der Substanz.
Von ihrem Stumpfsinn lebe ich,
Es ist ein toller Tanz.
Besonders bin ich eingestellt,
Auf Herren, die regier'n.
Und die auf dieser ganzen Welt
Mich freudig akzeptier'n.
Die Herren tun alles, was ich will
In blut'ger Narretei.
Und ihre Völker halten still.
Denn ich bin stets dabei.
Ja, um Gotteswillen, bin ich dumm!
Am Ende steht der Untergang,
Den ich herbeigeführt.
Paßt auf, es dauert nicht mehr lang,
Und dann ist es passiert.
Was sagt ihr? Nein?! Ihr kennt mich jetzt?
Ihr selbst hätt' es vollbracht?
Ihr meidet und benennt mich jetzt?
Was hab' ich bloß gemacht…?!
War's möglich, daß…? Pfui, die Vernunft!
Welch tödlich sanftes Licht.
Schon bin ich ohne Unterkunft,
Weh, ich begreif es nicht…
Ja, um Gotteswillen, war ich dumm!

Therese Giehse 1934 in die „Die Dummheit"

Kinderlied

Text: Erika Mann
„Pfeffermühle"
1935 vorgetragen von Erika Mann

Wie Sie mich hier in Ihrer Mitte haben,
Wär ich ne große Sängerin geworden, –
Denn meine Sehnsucht war's und meine Gaben
Versuchte man nur einfach hinzumorden.

Ich hörte nichts, wir haben keinen Radio,
Ich weiß nur noch, was ich von früher weiß,
Noch aus dem Kindergarten in Klein-Schadow,
Im Singen hatt' ich immer ersten Preis.

Die Lieder sing' ich jetzt in allen Lagen,
Die passen überall so tröstlich hin,
Ich brauche nie zu schrein und nie zu klagen,
Weil ich, statt dessen, musikalisch bin.

Üb immer Treu und Redlichkeit
Dann bleibst Du immer arm,
Nun ade, Du mein lieb Heimatland,
Daß Dein Dich Gott erbarm.

Mal ist ein Zug bei uns vorbeigezogen,
Die suchten was, ich weiß bloß nicht mehr wen, –
Da hab' ich ihnen schnell was vorgelogen,
Damit sie das nicht finden, oder den,
Mich haben sie dann leider eingesperrt,
Weil sich das Lügen eben nicht gehört.

Häschen in der Grube,
Schlafe nicht!
Armes Häschen, mach Dich frei,
Denn was ist denn schon dabei,
Häschen hüpf,
Hop, hop, hop,
Kindchen lauf Galopp!
Ach, wie ist es kalt geworden,
Und wie traurig, öd und leer,
Rauher Wind kam auch von Norden,
Und die Sonne schien nicht mehr.

Wußt ich wieviel Sternlein stehen?
Mensch, wie war mir das egal!
Irgendwas mußt jetzt geschehen,
Unabhängig von der Zahl.

Ich drücke mich herum auf allen Gassen, –
Und mir hilft keiner, denn ich bin allein.
So lange sie mich hier noch singen lassen, –
Will ich nicht weinen und zufrieden sein.

Hätte gern die Gans gestohlen,
Würd' ich gleich ein Dieb.
Nahm, denn es gab nichts zu holen,
Mit der Maus vorlieb, –
Nahm, denn es gab nichts zu holen,
Mit der Maus vorlieb!

Mein Pfiff mit Emil mußte auch versagen,
Wo bloß der Junge sich verborgen hat?
Ich pfeife nun schon seit diversen Tagen
Durch unsre ganze, unsre ganze Stadt.
(Pfeift:) „Hänschen klein".

Kuckuck, Kuckuck, –
Rufts aus dem Wald.
Und Emil liegt im Walde,
So still und stumm.
Er hat aus lauter Purpur
Ein Mäntlein um.
Blutig sieht der Emil aus,
Der kommt nimmermehr nach Haus.
Wer hat meinen Emil gemacht so stumm?

Ich kann jetzt wirklich beinah nicht mehr singen,
Es ist so schrecklich auf der ganzen Welt,
Mir will kein Liedchen mehr so recht gelingen,
Und keines weiß ich mehr, was mir gefällt.

Die Tiroler sind lustig,
Wieso und warum?
Ich kann's nicht verstehen,
Dazu bin ich zu dumm!
Kommt ein Vogel geflogen,
Kommt von Emil sein Grab, –
Liebes Vöglein bleib bei mir,
Weil ich sonst niemand hab!

Don Quixote

Text: Klaus Mann
„Pfeffermühle", 1935

(Hastiger Auftritt mit entblößtem Schwert. Er ficht
gegen einen Schatten, der sich an der Wand bewegt.)

Ich erkenn' Dich, Satan, Satan!
Du willst mich als Schatten necken!
Möchtest Dich in arger Schlauheit
Klein und bös' vor mir verstecken!

Aber ich durchschau Dich immer
Mit untrügbarem Gefühle:
Heute foppst Du mich als Schatten, –
Gestern warst Du eine Mühle.

Ja, ich kämpfte mit der Mühle,
Einer Mühle auf dem Hügel'
Aber welcher Geist bewegte
Ihr die schauerlichen Flügel?:
Teufelsgeist!

So litt er, stritt er
Gegen gräßliche Gewalt, –
Hieß deshalb der mutige Ritter
Von der schrecklichen Gestalt.

Ich, der Freund, der Edlen, Schönen,
Habe nur mein reines Wappen
Und mein Streitroß Rosinante.
Und den dicken, braven Knappen.

Als der Holden ich begegnet,
Die ich Dulcinea nannte,
Spürte ich mit zartem Schrecken
Wie mein Herz für sie entbrannte.

„Deine Braut ist eine Stallmagd!"
Während man uns so verhöhnte,
Beugte ich mich vor der Süßen,
Die ein Zaubergeist verschöne:
Göttergeist!

So liebt er, litt er
Für die reizendste Gewalt.
Betet für den armen Ritter
Von der traurigen Gestalt.

In der stillen Bücherstube,
Bei Romanen und Traktaten
Wurde mir die Schönste Weisheit
Und sie rief mich zu den Taten.

Haus und Hof mußt ich verlassen,
Rastlos dieses Land durchreiten,
Um das Böse auszurotten,
Für Gerechtigkeit zu streiten.

„Er hat weder Geld noch Waffe!"
Hör' ich spotten, – „nur ein Leben!"
Aber wißt Ihr nicht, Ihr Narren,
Welche Waffe uns gegeben:
Menschengeist!

So kämpft' er, stritt er
Gegen jegliche Gewalt.
Kämpfet mit dem starken Ritter
Von der menschlichen Gestalt!

Zugegeben

Text: Erika Mann
„Pfeffermühle", 1935

Aber, denk ich, man lebt doch gemeinsam
Aber, fühl ich, Freunde, das tut gut
Aber, weiß ich, man ist doch nicht einsam,
Aber, sing ich, aber, das gibt Mut!

Wissen Sie, was ich mir manchmal denke?
Denn man denkt sich schließlich manchmal was, –
Wenn ich manchmal meine Schritte lenke,
Denk ich manchmal dies und manchmal das.

Zugegeben, denk' ich, Du bist ärmlich,
Zugegeben, Du bist arbeitslos,
Zugegeben und Du frierst erbärmlich,
Zugegeben und du hungerst bloß.

Aber, denk ich, heute scheint die Sonne,
Aber, fühl ich, und Du bist verliebt.
Aber, weiß ich, es ist eine Wonne,
Daß es Dich doch immerhin noch gibt.

Wissen Sie, es ist doch recht erfreulich,
Daß man ganz allein so denken kann.
Ohne Denken wär die Welt ja greulich
Nee, da denk ich lieber gar nicht dran.

Zugegeben, denke ich statt dessen,
Wenn ich so die reichen Leute seh, –
Zugegeben, denen schmeckt das Essen –
Zugegeben, die tun sich nicht weh.

Aber, denk ich, denn ich denke gerne, –
Einmal dreht die Erde sich total.
Ob er nah ist, oder ziemlich ferne,
Dieser heitre Tag erscheint einmal.

Ja, ich tapeziere mir mein Köpfchen
So mit mehreren Gedanken voll.
Manchmal zwar nehm ich mich selbst beim Schöpfchen,
Weiß nicht immer, was ich denken soll.

Zugegeben, denk ich, man hat Kräche
Und man prügelt sich wie nicht gescheit,
Was weiß ich, um Mädchen oder Zeche,
Oder nur so aus Parteilichkeit.

Ich weiß nicht, was soll es bedeuten

Text: Klaus Mann
„Pfeffermühle", New York, 1937

Ich weiß nicht, was soll es bedeuten –
Er hat es mir angetan –
Aber im Städtchen, die Leute,
Schauen mich böse an.
Und mein Vater droht, es setzt Hiebe,
Und die Mutter schickt mich davon:
Denn der Jüngling, welchen ich liebe,
Ist vom alten Levy der Sohn.

Du bist doch ein arisches Mädchen!
Schreien die Leute im Städtchen.
Ach, wie ich sie hasse!
Den ganzen Tag hör' ich: Rasse!
Rasse – Rasse – Rasse …
Ich weiß nicht, was soll es bedeuten.

Meine Stellung hab' ich verloren,
Eine neue finde ich nicht.
Mir werden die Haare geschoren,
Und ich komme vors Reichsgericht.

Die Zeitung hat schon geschrieben,
Der ganze Fall sei horrend,
Unsittlich sei es, zu lieben
Ein artfremdes Element.

Du pflichtvergessenes Mädchen!
Lärmen die Leute im Städtchen.
Ach, diese keifende Bande!
Den ganzen Tag hör' ich: Schande!
Schande – Schande – Schande …
Ich weiß nicht, was soll es bedeuten.

Ich will ihn in Schanden gebären,
Meinen Sohn mit gemischtem Blut –
Und wenn sie ihn unrein nennen,
Mir gefällt es drum doppelt so gut …
Ach, wäre mein Haar doch nicht golden,
Wie die Haare der Loreley:
Dann liebte ich, wen ich möchte,
Und keiner fänd' was dabei.

Therese Giehse 1934 in der „Pfeffermühle"

Ach, wär' ich kein arisches Mädchen!
Dann schwiegen die Leute im Städtchen.
Das ist ein Geschwätz hier im Lande!
Ich hör' immer nur: Rassenschande!
Rassenschande – Rassenschande …
Wer weiß denn, was soll es bedeuten???

Der Emigrantenchoral

Text: Walter Mehring
„Pfeffermühle", Zürich, 1934

Werft
Eure Herzen über alle Grenzen,
Und wo ein Blick grüßt, werft die Anker aus!
Zählt auf der Wandrung nicht nach Monden, Wintern, Lenzen –
Starb eine Welt – ihr sollt sie nicht bekränzen!
Schärft
Das euch ein und sagt: Wir sind zu Haus!
Baut euch ein Nest!
Vergeßt – vergeßt
Was man euch aberkannt und euch gestohlen!
Kommt ihr von Isar, Spree und Waterkant:
Was gibt's da heut zu holn?
Die ganze Heimat
Und das bißchen Vaterland
Die trägt der Emigrant
Von Mensch zu Mensch – von Ort zu Ort
An seinen Sohl'n, in seinem Sacktuch mit sich fort.

Tarnt
Euch mit Scheuklappen – mit Mönchkapuzen:
Ihr werdet euch doch die Schädel drunter beuln!
Ihr seid gewarnt: das Schicksal läßt sich da nicht uzen –
Wir wolln uns lieber mit Hyänen duzen
Als drüben mit den Volksgenossen heuln!
Wo ihr auch seid:
Das gleiche Leid
Auf 'ner Wildwestfarm – einem Nest in Poln
Die Stadt, der Strand, von denen ihr verbrannt:
Was gibt's da noch zu holn?
Die ganze Heimat und
Das bißchen Vaterland
Die trägt der Emigrant
Von Mensch zu Mensch – von Ort zu Ort
An seinen Sohl'n, in seinem Sacktuch mit sich fort.

Werft
Eure Hoffnung über neue Grenzen –
Reißt euch die alte aus wie'n hohlen Zahn!
Es ist nicht alles Gold, wo Uniformen glänzen!
Solln sie verleumden – sich vor Wut besprenzen –

Sie spucken Haß in einen Ozean!
Laßt sie allein
Beim Rachespein
Bis sie erbrechen, was sie euch gestohln
Das Haus, den Acker – Berg und Waterkant.
Der Teufel mag sie holn!
Die ganze Heimat und
Das bißchen Vaterland
Die trägt der Emigrant
Von Mensch zu Mensch – Landauf, landab
Und wenn sein Lebensvisum abläuft mit ins Grab.

Walter Mehring
Zeichnung: Paul Citroen

In den Lagern der Schweiz

Im Rapport des Eidgenössischen Justiz- und Polizeidepartements wurden am Stichtag 30. April 1944 achtzig Lager in der Schweiz registriert: 35 Arbeitslager für Internierte, 2 Arbeitslager für Emigranten, 3 Schullager, 38 Heime für Internierte und 2 ZL-Betriebe (Zentralmagazin und Flickstube). Trotz zeitweiligen Verbots, ständiger Beeinträchtigung und Zensur entwickelte sich gerade in den Sonderlagern Gordola und Bassecourt eine kulturell-künstlerische Arbeit mit Lied- und Rezitationsvorträgen, mit Theater- und Konzertaufführungen. Auch in den Lagern Witzwil und Malvaglia kam es zu Theateraufführungen, gespielt wurde u. a. „Galileo Galilei" von Jakob Bührer und „Schwejk in der Schweiz" von Hans Teubner, das er nach kollektiver Diskussion im Lager niederschrieb. Über Entstehung und Aufführung des satirischen Stücks schreibt Hans Teubner: „Nun trugen wir unsere Ideen, teils auf eigenen Erlebnissen basierend, zusammen, wie es einem Schwejk heute bei Überschreitung der Schweizer Grenze ergehen würde. ... Der Weg des Schwejk führte von der Grenze durch die verschiedenen Orts-, Kantons- und Bundespolizeistellen bis nach Witzwil ... Nach gründlicher Einstudierung sollte an einem Sonnabend die ‚Premiere' stattfinden. Als Gäste waren die Lagerleitung und der Zuchthausdirektor auf unsere Einladung hin erschienen. Ich beobachtete letzteren während der Handlung. Manchmal lachte er herzlich mit, einige Male konnte er aber wegen der deutlichen Darstellung von Willkürakten der Schweizer Polizei sein Mißfallen nicht verbergen." Am 1. Mai 1943 hatte im Lager Gordola das Stück „Die Fliegen erobern das Fliegenpapier" Premiere. Regie führte Fritz Köhler, der John

„Er"
Zeichnung: H. Herrmann

Steinbecks Stück „Der Mond ging unter" mit diesem neuen Titel bearbeitet hatte. Er stammte ebenfalls aus Steinbecks Roman, in dem ein Besatzungssoldat eingesteht, daß die Eroberungen zu nichts geführt haben, daß man sich vielmehr in eine Falle begeben hat.
Eine besonders oft und gern gewählte Form der Kulturarbeit in den Lagern war die literarisch-musikalische Feierstunde, bei der viele Lagerinsassen mit Lied-, Chanson- und Rezitationsvorträgen einbezogen wurden. So gestaltete man im Lager Bassecourt ein Programm „Das Freiheitslied der Völker" mit Gedichten und Texten von Franz C. Weiskopf, Anna Seghers, Arnold Zweig, John Reed und Hans Sahl. Ein anderes Programm hieß „Das Lied als Wegbegleiter". Überhaupt spielte das Lied im Lagerleben eine

große Rolle. Nicht nur die berühmten Lieder von Bertolt Brecht und Hanns Eisler gehörten zu den ständigen Wegbegleitern, die Lagerinsassen machten sich ihre Lieder auch selbst. Paul Müller, ein Sozialdemokrat, der vor 1933 als Gewerkschaftsfunktionär gearbeitet hatte, schrieb 1941 in Malvaglia „Das Pesciora-Lied" und 1942 „Unser Lied" mit den Schlußversen:

Und kommt einst der Tag, den wir alle erträumt,
Verloht sich des Kriegers Flammen,
Dann wird nichts vergessen, dann wird nichts versäumt,
Dann stehen wir alle zusammen.

Dann legen wir den Spaten aus der Hand
Und schaffen andere Werte!
Wir schreien über freies Land
Und über die befreite Erde.

Und 1943 in dem Lied „Unser Herz" aus dem Lager Gordola heißt es:

Über Grenzen und ins Dunkel gedrängt,
Das Lied, der Kampf bleibt leben.
Genossen! Verfolgt – gemartert – gehängt:
Wir werden uns wieder erheben!

Unser Herz schlägt links,
Unser Blut kreist rot.
Jetzt heißt's nicht mehr lang sich besinnen.
Ihr Genossen rings
Vorbei ist die Not!
Jetzt laßt uns die Welt gewinnen!

Auch die Agitprop-Montagen, wie sie Jo Mihaly in den dreißiger Jahren mit dem Neuen Chor in Zürich erarbeitet hatte, wurden im Lager ausprobiert. Ein Text aus dem Lager Gordola, der noch erhalten ist, zeigt, wie sich bestimmte Agitprop-Formen über die gesamte Zeit des Exils erhalten haben. In siebenunddrei-

ßig Bildern wurden Zeitdokumente vorgeführt, die dem Publikum verständlich machen sollten, worüber sich die Toten nicht mehr beklagen können, was aber die Lebenden zu ihrer Sache machen müssen. Angefangen von dem Zeitdokument über die Novemberrevolution in Deutschland, über den Interventionskrieg »gegen den ersten Bund der Arbeiterrepubliken«, den Reichstagsbrand, den Terror in den faschistischen Konzentrationslagern, den Krieg in Spanien, die Besetzung Österreichs, den Ausbruch des zweiten Weltkriegs, den Überfall auf die Sowjetunion, über die Geißelerschießung in vielen europäischen Ländern bis zur Zerschlagung der 6. deutschen Armee wurden die Etappen geschichtlicher Entwicklung gezeigt und in einer Montage von Sprechchören und einzelnen Rufern vorgetragen:

Da die Toten nicht zurückgekehrt sind,
Was bleibt den Lebenden zu wissen?
Da die Toten sich nicht beklagen können,
Über wen, über was beklagen sich die Lebenden?
Da die Toten nicht mehr schweigen können,
Dürfen da die Lebenden ihr Schweigen wahren?

Max Kolpe, der in den Berliner Kabaretts der zwanziger Jahre mitgewirkt hatte und 1933 nach Paris floh, wo er sich nun Max Colpet nannte, flüchtete 1940 von Frankreich in die Schweiz, wo er an der Grenze verhaftet und in ein Lager gesteckt wurde. Zusammen mit dem Schauspieler Max Straßberg, dem Komiker René Legrand und dem Violinisten Michael Schwalbé, der später erster Konzertmeister bei Herbert von Karajan wurde, gründete er 1942 ein Kabarett, das in verschiedenen Männerlagern gastierte. Max Colpet conferierte und den

humorlosen Lagerleitern mißfiel, wenn
er folgende Pointen erzählte:
„Wer war der erste Mensch?" fragte der
Lehrer in der Schule. „Der Wilhelm
Tell", erklärt einer der Schüler. „Aber,
Heiri, was ist mit Adam und Eva?" „Ja,
wenn Sie die cheibe Uusländer mit-
rächne!"
Oder die Geschichte von einem Schweizer Ehepaar, das bei einer Bergtour in
eine Gletscherspalte fällt und „Hilfe!"
ruft. „Hier ist das Rote Kreuz…" er-
tönt es nach einer Weile von oben. „Ja,
wir haben schon gegebe!" ruft das Paar
von unten zurück. Außerdem rezitierte
Max Colpet Gedichte, die er im Lager
geschrieben hatte.
Die durch einen Bundesratsbeschluß her-
beigeführte Internierung deutscher
Flüchtlinge, die aus politischen oder rassischen Gründen verfolgt wurden, war
keine vorübergehende Maßnahme. Auch
als die Sozialdemokraten nach ihren Erfolgen bei den Nationalratswahlen 1943
erstmals in den Bundesrat einzogen und
nunmehr in der obersten Landesbehörde
mitwirkten, änderte sich nichts. Die Lager blieben bis Kriegsende bestehen.

Max Colpet, 1942

„Karneval der Reaktion"
Zeichnung: Fritz Wolff

Unsere Generation

Text: Max Colpet
Lager in der Schweiz
1942 vorgetragen von Max Colpet

Es gab eine Zeit, sie liegt nicht weit zurück,
Da gab es noch Ruhe, Frieden und Glück.
Und es zählte jedes Menschenleben,
Weil doch Gott uns das Leben gegeben.

Und wenn einer starb, dann gab es Geschrei,
Und man fragte, wieso das gekommen sei.
War es nicht zu verhindern gewesen?
Und die öffentliche Meinung erregte sich toll,
Und die Zeitungen schrieben ganze Seiten voll.
Selbst im kleinsten Blatt konnte man lesen:

Warum starb der Mann? Und wieso und woran?
Und man hielt große Reden,
Debattierte über jeden einzelnen Fall.
Und aus Trauer gingen die Erben nicht einmal
zu dem so lang erwarteten Maskenball.

Ja, das war eine Zeit, eine herrliche Zeit –
Da lohnte es sich noch zu sterben.

Aber heute, wo die Leute
Wie die Fliegen krepieren,
In blutigen Kriegen sich massakrieren,
Wo man täglich neue Greuel erfährt...
Was zählt noch der Tod da?
Ein Menschenleben ist da eben
Kein Jota mehr wert.

Wir weinen über keinen
Von allen, die fallen.
Wir haben keine Freunde,
wir kennen nur noch Feinde.
Wir lachen, wenn sie sterben
Und wünschen ihnen Not und Tod
und Verderben.
Wir lechzen nach Blut,
Verdorben, verroht...

Ja, der Mensch ist nicht mehr gut.
Der Mensch ist nicht mehr gut.

Doch ist das ein Wunder, wenn man bedenkt,
Was wir erlebt und mitgemacht,
In tausendundeinem Tage,
Tausendundeiner schlaflosen Nacht?
Man hat uns nichts erspart, nichts geschenkt.
Man hat uns sage und schreibe das Leben,
Das Gott uns gegeben, zur Hölle gemacht.

Dabei haben wir nur einen Wunsch,
Einen Gedanken, einen Traum:
Endlich vergessen, alles vergessen,
Wieder lieben und lachen, trinken und essen,
Ohne uns Sorgen um morgen zu machen,
Ohne Verdrießen das Leben,
Das Gott uns gegeben, genießen.

Das ist doch bestimmt nicht schwer.
Dann sind wir bestimmt nicht mehr
Eine so verfluchte, heimgesuchte
Generation!

„Der Häuptling vom Stamm der wilden Kopfjäger"

Exil in Österreich

Ähnlich wie in den beiden Nachbarstaaten Deutschland und Italien verlief die politische Entwicklung vor 1933 in Österreich. Auch hier gaben die Rechtskreise den Ton an, auch hier erscholl der Ruf nach dem Führer, nach dem „starken Mann". Wie Hitler im März 1933, so schaltete auch der österreichische Bundeskanzler Dollfuß zur gleichen Zeit mit dubiosen Mitteln das Parlament aus. Indem er das faschistische „Korneuburger Programm" von 1930 zum Staatsprogramm erklärte, hob er die demokratische Verfassung in Österreich auf. Für die demokratisch engagierten, linksliberalen und sozialistischen Kabarettisten unter den rassisch und politisch Verfolgten aus Hitler-Deutschland war das Österreich der Jahre von 1933 bis 1938 also kein attraktives Gastland. Eine große Zahl aus dem österreichischen Kulturkreis stammender Theaterkünstler, die in Berlin und München der zwanziger und der frühen dreißiger Jahre einen größeren und angemesseneren Aktionsraum gefunden hatten, kehrte gleich nach der „Machtergreifung" nach Wien zurück. Darunter waren Kurt Robitschek, Paul Morgan, Alfred Polgar, Alexander Roda Roda, Robert Gilbert, Oscar Karlweis, Fritz Grünbaum und Peter Hammerschlag. Hinzu kam eine Reihe von Künstlern, die in Österreich Bekannte, Freunde oder Förderer hatten, wie Gerhart Herrmann Mostar, Hugo F. Königsgarten oder Hedda Zinner. Für keinen dieser Rückkehrer oder Emigranten bedeutete Österreich die Endstation der Flucht vor dem Faschismus. Die Konfrontation mit den neuen politischen Wirklichkeiten der Heimat einerseits und die jährlich zunehmende Gefahr des „Anschlusses" Österreichs an Hitler-Deutschland andererseits bewog die meisten von ihnen, das Land rechtzeitig zu verlassen. Paul Morgan, Fritz Grünbaum und Peter Hammerschlag flohen nicht rechtzeitig und starben in den Konzentrationslagern. Der Kabarettist Egon Friedell stürzte sich nach dem „Anschluß" Österreichs, als er am 16. März 1938 Gestapobeamte in sein Haus gehen sah, aus dem Fenster. Zahlreiche Juden, die in Österreich selber noch Kabarett gegen Nazideutschland gemacht hatten, gingen nun ins Exil nach England und in die USA, dort entstanden verschiedene Kabaretts österreichischer Emigranten. Stella Kadmon, beispielsweise, die einstmalige Gründerin des Wiener „Lieben Augustin" leitete 1940 in Palästina mit Erfolg eine „Papillon" genannte Kleinkunstbühne. Einige österreichische Kabaretts hatten bis 1938 – und nur wenige danach – noch versucht, satirische-politische Aufklärung zu betreiben, unterstützt von so hervorragenden Textern wie Rudolf Weys, Hans Weigel, der 1938 in die Schweiz emigrierte, Otto Andreas, der 1938 nach London floh, Carl Merz, der wegen Kritik am Nationalsozialismus eingesperrt wurde oder Jura Soyfer, der 1939 im KZ Buchenwald an Typhus stirbt. (Diese österreichische Kabarettgeschichte wird gesondert in einem Band dargestellt.)

Der aus seinem „Kabarett der Komiker" in Berlin vertriebene Kurt Robitschek brachte ab Herbst 1933 an den „Kammerspielen" in Wien die Revuen „Wiener Illustrierte" mit Oscar Karlweis, Hans Moser, Lia Dahms, Hansi Koller, Adelheid Seek u. a. heraus, danach die Kabarettoper „Rufen Sie Herrn Plim!" mit Paul Morgan, Curt Bois, Fritz Wiesenthal, Willy Trenk-Trebitsch und Irene Eisinger. Robitschek und einige Mitglieder seines Ensembles entkommen später nach Amerika. Im Dezember 1933 führte das Wiener Kabarett „Literatur im Moulin Rouge" die Revuette „Höchste Eisenbahn" von Friedrich Hollaender auf, die bereits 1932 in seinem Kabarett „Tingel-tangel" in Berlin gelaufen war. Nachdem sie das „Tingeltangel" nach Hollaenders Flucht bis Mai 1935 künstlerisch geleitet hatte, ging auch Trude Kolman im September 1935 nach Wien und machte dort im „Grand Hotel" zusammen mit Beate Moissi und Paul Morgan Kabarett mit Texten von Max Colpet und trat später mit Curt Bry in ihrem eigenen Kabarett, dem „Sechsten Himmel" auf. Von der Berliner „Katakombe" kam Sonja Wronko auf Zwischenstation – bevor sie ebenfalls nach Amerika emigrierte – nach Wien und eröffnete mit Rolli Gero das Kabarett „Sonjas Plüschsofa". Während Friedrich Hollaender 1933 direkt nach Paris und später in die USA emigriert war, ging Trude Kolman über Paris nach England. Diese Unternehmen waren nur von kurzer Dauer, und über ihre Arbeit ist bisher fast nichts dokumentiert. Wichtiger und besser belegt ist dagegen die Arbeit Wiener Kellerkabaretts, bei denen auch einige reichsdeutsche Schauspieler und Autoren Fuß fassen konnten, so Martin Magner, ehemals Oberspielleiter am Stadttheater Breslau, und Traute Witt, ehemals bei der „Katakombe", die zum Kabarett „Literatur am Naschmarkt" gingen, und Gerhart Herrmann Mostar, der Hausautor beim „Lieben Augustin" wurde. Nach dem Einmarsch der Hitlertruppen im März 1938 stellte der „Liebe Augustin" seinen Spielbetrieb ein, andere wie das „Wiener Werkel" konnten sich noch bis zum August 1944 behaupten. Allerdings begann auch für viele, die noch rechtzeitig fliehen konnten, ein neues, oft bedrängenderes Lebenskapitel. Der Satiriker Hermann Hakel, dem die Flucht nach Italien gelungen war, wurde dort in ein Internierungslager der italienischen Faschisten gesperrt. Doch diese Lager waren mit deutschen Konzentrationslagern nicht vergleichbar.

„Unsere SA-Männer wurden in den Arbeitervierteln jubelnd begrüßt und mit Blumen überschüttet"

Hakel, der ebenfalls für ein Lagerkabarett Texte schrieb, überlebte den Faschismus und kehrte zurück nach Wien. Das gelang nur wenigen: Anton Kuh starb 1941 und Alexander Roda Roda 1945 im amerikanischen Exil, Felix Salten 1945 in der Schweiz und Robert Lucas, der unter seinem richtigen Namen Robert Ehrenzweig vor 1933 in Wien das „Jüdisch-Politische Cabaret" geleitet hatte, blieb nach Ende des Krieges in seinem Exil in London, um als Mitarbeiter der deutschsprachigen Abteilung des BBC, weiterhin satirische Sendungen zu schreiben, die er in den heimatlichen Medien – wegen der Ausgewogenheitsängste – schwerer hätte unterbringen können. Mit seinen Texten wurde im „Ätherkrieg" des Zweiten Weltkriegs eine besondere Waffe entdeckt: die Satire. Eine Waffe, die sich auch die Exilkabaretts zunutze machten, indem sie aus dem Repertoire österreichischer Satiren schöpften und dabei vor allem Jura Soyfer in aller Welt Gehör verschafften.

Man hat zugelernt

Text: Jura Soyfer, 1933

(Die Backpulverfirma Oetker hat sich teilweise auf
Kriegsproduktion umgestellt.)

Jura Soyfer, 1933

Als der Großvater einst die Großmutter
    nahm
Und Bismarck die Festung Metz.
Als Kantinenfrau Sopherl den Titel bekam:
„Das Lercherl von Königgrätz",
Da war der Heldentod süß wie Rahm
Und der Krieg eine mörderische Hetz.
Doch inzwischen, doch inzwischen
Hat der Tod was zugelernt:
Er kroch schon heimlich in Kellernischen
Und hat sich, still wie er kam, entfernt.
Er sauste hernieder als himmlische Frucht,
Nebst Mannszucht pflegt er Bazillenzucht,
Er ritt auf Tank und Dumdum.
Der alte, heldische Tod ist tot!
Der Tod befolgte der Neuzeit Gebot
und stellte sich um.

Als in Schönbrunn ein alter Herr
Saß – und seinem Volk im Genick,
Als groß die Zeit und entsprechend schwer,
Ward unbescheiden der Krieg:
Ihm genügten die Fronten nicht mehr,
Ins Hinterland kroch er zurück…
Und inzwischen, und inzwischen
Hat er noch mehr zugelernt:
Chemiker lernten Salben mischen,
Mit denen man Menschen wie Flecken entfernt.
Truste, die friedlich Farben melieren,
Können Giftgas daraus produzieren,
Kunstseide hat geheime Kraft;
Einst zernierte man Heere in Sümpfen,
Morgen sprengt mit Seidenstrümpfen
In die Luft sie die Wissenschaft.
Denn inzwischen, denn inzwischen
Wuchs der Krieg zum Geschäft. Und drum
Folgt man dem Tod beim Prozentefischen
Und stellt sich um.

Werk X wird morgen Granaten drehn,
Heut macht es noch Kugelhaken.
Werk Z macht Pulver für die Armeen
Und gleichzeitig Pulver zum Backen.
Man ist vom Mississippi zum Belt
Von Kopf bis Fuß auf Krieg eingestellt.
Und 18? Ach, sagen wir, es war nichts!
Sie jagen uns bald wieder ins Feld.
Und ihr Feld ist die Welt.
Bald gibt's Krieg in der Welt
Und sonst gar nichts!

Seht ihr die mörderischen
Gase und Verträge mischen?
Seht ihr nach euren Seelen sie fischen?
Seht ihr die alte Hölle mit frischen
Phrasen und Orden ausgesternt?
Habt ihr inzwischen, habt ihr inzwischen
Nicht gelernt?

Das Lied von den Stoffen

Text, Musik: Curt Bry
„Sechster Himmel", Wien
1936 vorgetragen von Curt Bry

Manchmal frag ich mich im Stillen,
Manchmal frag ich mich voll Gram,
Wie ich denn um Himmelswillen
Grade zum Theater kam.
Seh ich Nadel, Zwirn und Schere,
Fühl ich mich vom Glück versetzt.
Ja, wenn ich ein Schneider wäre –,
Also Stoffe gibt es jetzt!

Erst einmal all jene Stoffe,
Die Historienstoffe sind,
Tagesstoffe, Modestoffe
Flattern jeweils nach dem Wind.
Die Vergänglichkeit steht Pate,
Und der Wechsel wird geschätzt,
Man macht Staat in jedem Staate –
Also Stoffe gibt es jetzt –!

Kenn' Sie die Englisch-Stoffe,
Elegant und streng honett –?
Lustige Frau von Windsor-Stoffe,
Chamberlainen[1] Lloyd Georgette.
Genfer Diplomatenwesten,
Leicht gewebt und bunt durchsetzt
Mit den letzten Friedensresten –,
Also Stoffe gibt es jetzt!

Ferner all die Edelstoffe,
Die es auf der Erde gibt,
Ganz besonders rohe Stoffe,
Die man heut am liebsten liebt.
Auf der Jagd nach Rohstoffplätzen
Wird der Mensch herumgehetzt
Und geht schließlich doch in Fetzen,
Also Stoffe gibt es jetzt!

1 A. N. Chamberlain (1869–1940) konservativer Abgeordneter, 1937–1940 britischer Premierminister

Curt Bry
1936 im Kabarett „Sechster Himmel", Wien

Und die Bembergseide,
Weltberühmt und preisgekrönt,
Sogenannter Taft durch Freude,
Möglichst hell und licht getönt.
Seit dem 33ger Jahre,
Wird das Helle sehr geschätzt.
Blonde Seelen, blonde Haare –,
Also Wasserstoffe gibt es jetzt!

Und die Unterhaltungsstoffe:
Garbo[2]-Samt, Velor Gabin![3]
Tobis[4]-Sascha-Guitry[5] Stoffe,
Aktueller Gobelin!
Ist der Stoff ein Stoff gewesen:
Also Scheren gibt es jetzt!

2 Greta Garbo (geb. 1905), schwedische Schauspielerin
3 Jean Gabin (1904–1976), französischer Schauspieler
4 Tobis: Filmproduktionsfirma und -verleih
5 Sascha Guitry (1885–1957), französischer Schauspieler und Bühnenautor

Exil in der Tschechoslowakei

Als Adolf Hitler die Macht übernahm, litt die Welt noch unter den Nachwirkungen des „Schwarzen Freitags" von 1929. In allen Ländern, ob in den USA, ob in den europäischen Ländern, herrschte eine starke, lang andauernde Arbeitslosigkeit. Das war auch in der Tschechoslowakei nicht anders, wo es im Jahre 1933 bei einer Einwohnerzahl von etwas über 14 Millionen mehr als 700 000 Erwerbslose gab. Unter diesen ökonomisch kritischen Bedingungen setzte die Fluchtwelle in das Land ein, das Elemente des „Polizeigeistes" in der Fremdenbehandlung von der einstigen österreichisch-ungarischen Monarchie übernommen hatte: Versammlungen mußten angemeldet werden, und einem politischen Flüchtling wurde es verboten, öffentlich auf solchen Versammlungen aufzutreten. Schon sehr frühzeitig suchte man nach den Kommunisten unter den Flüchtlingen. Andererseits wurde in Prag nach dem Vorbild von Brünn und anderen Orten eine Regelung eingeführt, die für die Flüchtlinge vorteilhaft war. Komitees stellten einen Evidenz-Bogen aus, gleichgültig ob sie ihn unterstützten oder ihm nur bei seiner Legalisierung halfen. Dieser Evidenz-Bogen wurde nach Prüfung durch eine Zentralstelle als Interims-Ausweisdokument anerkannt, bis es nach ein oder zwei Jahren eine offizielle Aufenthaltsgenehmigung gab. Diese Regelung bedeutete zwar nicht, daß in den ersten fünf Jahren, bis zum Münchener Abkommen, die Polizei politische Flüchtlinge nicht verhaftet und ausgewiesen hätte, doch die Mehrzahl der Flüchtlinge blieb von polizeilichen Schikanen unbehelligt.

In dem Zeitraum von 1933 bis 1938 gab

„Vom Himmel hoch, da komm' ich her"

es rund 10 000 registrierte Flüchtlinge aus Deutschland in Prag, von denen aber ein großer Prozentsatz in andere Länder weiteremigrierte. Die künstlerischen Kräfte organisierten sich sehr schnell in verschiedenen Verbänden, 1933 bereits erfuhr der „Bund proletarisch-revolutionärer Schriftsteller" (BPRS) einen Neuaufbau, an dem sich die dem Kabarett nahestehenden Autoren Franz C. Weiskopf, Jan Koplowitz, Albin Stübs, Louis Fürnberg, Max Zimmering und Hedda Zinner unter dem Vorsitz von Johannes R. Becher beteiligten. Weitere Sammelpunkte des künstlerischen Lebens waren der Kulturausschuß der „Liga für Menschenrechte", die Mitte der dreißiger Jahre mit bemerkenswerten Veranstaltungen hervortrat, sowie der „Schutzverband Deutscher Schriftsteller in der Tschechoslowakei" (SDS). Begünstigt durch die Exilbedingungen konnten diese

Verbände auch bei der Herausgabe zahlreicher Exilzeitschriften helfen. So erschien ab April 1933 „Die Neue Weltbühne" und im gleichen Jahr u. a. das antifaschistische Periodicum „Der Gegen-Angriff". Wieland Herzfelde gab in seinem aus Berlin emigrierten „Malik"-Verlag die „Neuen Deutschen Blätter" heraus, bis er später den Verlag in London und dann in Amerika etablierte. Im Januar 1934 wurde die antifaschistische Exilpresse durch eine satirische Wochenzeitschrift verstärkt, die sich „Der Simplicus" (später: „Der Simpl") nannte und sich in seinem Titel bewußt auf den in Deutschland noch erscheinenden, jedoch angepaßten „Simplicissimus" bezog. Hans Nathan und Heinz Pol hatten das Blatt in der Heimat Schwejks initiiert, in der die Satire und die politische Karikatur eine gute Tradition hatten.

Die Theaterkünstler hatten sich in dem „Arbeitertheaterbund Deutschlands" (ATBD) oder zusammen mit Einheimischen im „Tschechisch-deutschen Bühnenclub" zusammengeschlossen. Im Frühjahr 1935 kam ein „Hans-Otto-Klub" hinzu, den die deutschen Emigranten Elli Schließer, Maxim Vallentin und Amy Frank ins Leben riefen und dem auch antifaschistische Schauspieler des Prager „Deutschen Theaters" angehörten. Der Name der Vereinigung sollte die Erinnerung an den im November 1933 von den Nazis ermordeten kommunistischen Schauspieler des „Berliner Staatstheaters" lebendig erhalten. Innerhalb dieser verschiedenen Organisationen wurden Lesungen und kabarettistische Abende durchgeführt sowie einige Agitproptruppen gefördert. So führte Louis Fürnberg seine 1932 in Berlin gegründete Truppe „Echo von links" weiter und Kuba (Kurt Barthel) übernahm 1935 die Leitung der Agitationstruppe „Roter Stern", die ab 1936 unter der Bezeichnung „Neues Leben" auftrat. Mit Songs,

Gedichten und Kampfliedern, in denen die Schwierigkeiten des Lebens der Flüchtlinge ebenso benannt wurden, wie der Widerstandskampf gegen das Naziregime in Deutschland, trat von 1936 bis 1938, die von Gerda Kohlmey gegründete, in der letzten Zeit ihres Bestehens von Erwin Geschonneck geleitete „Freie deutsche Spielgemeinschaft" in Erscheinung. Diese freien Spielgruppen – die in einem anderen Zusammenhang ausführlicher dargestellt werden sollen –, erhielten neue Anregungen vor allem durch das „Studio 34", ein Kabarett, das die Schriftstellerin Hedda Zinner 1934 in Prag gegründet hatte. Als sich die Gruppe Ende des Jahres schon wieder auflöste, gastierte gerade zum erstenmal Erika Mann mit der „Pfeffermühle" in Prag. „Daß man in der ‚Pfeffermühle' leise und verhalten ‚kämpft', ändert nichts daran, daß man sich bemüht, die Abscheu gegen den Faschismus zu wecken und wachzuhalten", stellte der „Gegen-Angriff" fest. Mit viel Erfolg spielte die „Pfeffermühle" noch dreimal in Prag und regte damit 1936 ein Kabarett an, das der deutsche Schauspieler Hans Fürth unter dem Namen „Die Schaubude" in Prag eröffnete. Ein ständig spielendes deutschsprachiges Kabarett gab es in Prag nicht, so half man sich zuvor mit Gastspielen aus Berlin, Dresden und Wien, mit Kabarettisten also, deren Auftritte im Reich unmöglich geworden waren. So gastierte – um nur einige Beispiele zu nennen – im März 1933 Fritz Grünbaum mit Ensemble in Prag. Im Juni 1933 war das „Kabarett der Komiker" im „Neuen Deutschen Theater" zu Gast, bei dessen Aufführungen das Prager Publikum die Grotesktänzerin Lotte Goslar kennenlernte. Im Juli 1935 präsentierten sich Karl Farkas und Fritz Grünbaum in „Die gestohlene Revue" und „Bediene dich selbst". Herausragend waren die Gastspiele des Wiener Kabaretts „Literatur am Naschmarkt", zu dem auch Emigranten gehörten, mit zwei seiner Programme: 1936 „Die große Reise" und „Prater 1936". Auch das „Neue Deutsche Theater" in Prag versuchte eigene Kabarettprogramme herauszubringen. So hatten zum Beispiel im Juni 1933 Friedrich Hollaenders „Höchste Eisenbahn" und im November 1933 „Allez hopp" Premiere. In dem angeschlossenen Kammerspielhaus kam im Dezember 1933 die Revue „Illustrierte Zeitung" von Kurt Robitschek und Ende 1934 „Kleine Bühne – etwas verrückt" heraus. Den größten Erfolg hatte hier Renato Mordo mit seiner Kreation „Salzburg ausverkauft", die mit 50 Vorstellungen zum Schlager der Saison 1935/36 wurde. Doch hatten nicht diese Aufführungen, sondern die Programme der „Pfeffermühle" Maßstäbe gesetzt, wie anspruchsvolle Unterhaltung und antifaschistische Satire wirkungsvoll zu verbinden sind. Die neuentstandene „Schaubude" wollte gleiches leisten, blieb jedoch hinter den an ihre Gründung geknüpften Erwartungen zurück. In dem Premierenprogramm am 22. Dezember 1936 in der „Urania" zeigten sie unter dem Titel „Jeder sein eigener Robinson" zehn Einzelnummern nach Texten von Friedrich Hollaender, Erich Kästner, Hellmuth Krüger und Egon Larsen. Im zweiten Teil brachten sie „Die Pfändungsoper", eine im Jazzstil gehaltene Operngroteske als Einakter, die von der Pfändung eines Klaviers handelte und stilistische Anklänge an die „Dreigroschenoper" erkennen ließ. Zum fünfköpfigen Ensemble gehörten die Emigranten Erich Freund, der später in London die „Kleine Bühne" leitete und Lotte Mosbacher, die Tschechoslowaken Hans Fürth und Hilde Maria Kraus und die Tänzerin Gloria Grand. Die Texte schrieben Egon Lehrburger, ein emigrierter Berliner Journalist, der unter dem Namen Egon Larsen später in London Kabarett machte. Trotz einiger Gastspiele war das Kabarett nur von kurzer Lebensdauer. Die „Rote Fahne" schrieb: „Das Kabarett brachte uns nicht das, was das fortschrittliche Prag erwartete: wirkliches Zeittheater." Am 22. September 1938 wurde in Prag der Generalstreik ausgerufen. 250000 Arbeiter gingen auf die Straße und protestierten gegen die geplante Auslieferung der Sudetengebiete an das faschistische Deutschland. Doch die tschechische Regierung beugte sich dem Druck der Westmächte und unterwarf sich dem ohne sie am 29. und 30. September 1938 in München zwischen den Regierungschefs der Staaten Deutschland, Frankreich, Italien und England ausgehandelten Abkommen. Damit war die Tschechoslowakei als einheitlicher Staat faktisch liquidiert. Sie büßte rund ein Drittel ihres Landes und ihrer Einwohner ein. Innenpolitisch verschärfte sich die Situation. Nicht nur die deutschen Emigrantenorganisationen wurden verboten, auch die progressiven tschechischen Kabaretts wie beispielsweise das „Befreite Theater" (Osvobozené divadlo) von Jiri Voskovec und Jan Werich mußten schließen. Für die deutschen Emigranten blieb unter der neuernannten Regierung Beran kein Spielraum mehr. Von nun an erstreckte sich der Flüchtlingsstrom von Tschechen und Deutschen auf alle erreichbaren Länder. Für die meisten der Autoren und Darsteller war damit der Kampf gegen den Faschismus nicht zu Ende, ob im amerikanischen, schwedischen oder englischen Exil – für sie blieb verbindlich, was Kuba 1938 in seinem Gedicht „Menschenbruder" in der Tschechoslowakei geschrieben hatte:

Warf die Heimat dich mit Steinen?
Laß das trübe Feuer rauchen –
Morgen schon wird sie dich brauchen,
Bruder, sollst du heute weinen?

Zu den ersten Kabaretts, die in den europäischen Asylländern nach der Machtergreifung entstanden, gehört das „Studio 34" in Prag. Angeregt durch die „Voice-Band" des progressiven tschechischen Theatermannes E. F. Burian bildeten zwölf arbeitslose antifaschistische Künstler ein regelrechtes „Stimm-Orchester". Burian hatte dieser neuen Kunstform schon bei den Festspielen 1928 in Siena zu internationaler Anerkennung verholfen. Hedda Zinner, die zusammen mit ihrem Gatten Fritz Erpenbeck das „Studio 34" aus der Taufe gehoben hatte, – obwohl der tschechischen Sprache nicht mächtig –, war von dem verschiedenartigen Einsatz vokaler und musikalischer Elemente stark beeindruckt, sie berichtet: „Es war eine eigenartige, völlig ungewohnte Kunstform, die ihnen da abverlangt wurde: Sprechchöre von äußerster Präzision, miteinander, gegeneinander, sich überlagernd, ergänzend, unterstreichend, darüber hinweg oder eingefügt Einzelsprecher, Gesangsstimmen, Klopfgeräusche, Megaphone – alles wurde eingesetzt, floß oft stark rhythmisiert und synkopisch kontrapunktiert zu einem Ganzen zusammen." Absicht der Künstler war es, einen Beitrag im antifaschistischen Kampf zu leisten, getreu ihrem Motto:

Wir sprechen aus, was ist –
nicht zu ändern, um zu ändern,
sondern ändern,
weil das, was ist,
änderswert ist!

Der UFA-Schauspieler Erich Freund, einer der aktivsten Mitarbeiter des Ensembles (er spielte auch später noch in der „Schaubude", Prag und in London Kabarett) erinnert sich: „Die Form des

E. F. Burian

Stimm-Orchesters, das sich im Laufe der Proben von seinem Burianschen Vorbild fortentwickelte, schien ihnen ein reiches Mittel, den Inhalt, um den es ihnen ging, zu verlebendigen. Thesen und Antithesen stellten sie kommentarlos gegenüber. Sie wollten die Hörer zwingen, die Synthese selbst zu suchen." Der erste Auftritt fand am 10. März 1934 auf der Bühne der Prager „Urania" statt. Die Texte hatte Hedda Zinner geschrieben, die Kompositionen ihr musikalischer Begleiter aus Berliner Zeiten Rolf Jacoby und Hella Guth, eine tschechische Kommunistin. Zum Kern der Truppe gehörten ferner Christa Bühler, Ruth Frank, Marya Norden, Robert Klein-Lörk, Herbert Kronberger, Julius Unruh (d. i. Julius Simon), Victor Sordan (d. i. Victor Steuer) und Fritz Walter Nielsen (d. i. Fritz Wallensteiner). Vorwiegend Theaterkünstler, die alle bis 1933 in Deutschland gelebt und gearbeitet hatten. Später kamen noch zum inzwischen kleiner gewordenen Darstellerkreis der Schriftstel-

„Studio 34", Prag 1934 Vorstellung
2.v.l. Hedda Zinner

ler Albin Stübs, die Schauspielerin Charlotte Küter, der Komponist Ferovy Gyulai und als Gast der Regisseur Hans Burger hinzu.

„Passagiere der leeren Plätze" hieß die erste Folge von Texten, in denen die riesige Arbeitslosigkeit in der ganzen Welt behandelt wurde. Die Vernichtung von Lebensmitteln und die Lynchjustiz an Negern in den USA wurden in dem Programm mit dem Titel „Das Ungeheuer von Loch Ness" aufgegriffen. Hedda Zinner versuchte in der Komposition „Das gelbe Gesicht" den falschen Vorstellungen von dem Kampf des chinesischen Volkes entgegenzutreten. Fritz Erpenbeck hatte die Texte montiert und auch das „Deutschland"-Gedicht von Heinrich Heine und die antifaschistischen Zinner Texte „Ballade vom großen Trommler" sowie „Die Marathon-Küsser" verwendet.

Das große Echo in tschechischen und deutschsprachigen Zeitungen und der Erfolg beim Publikum ermunterten das Kabarett, weiterzumachen. Im Oktober 1934 hatte das zweite Programm Premiere mit der Voice-Band-Nummer „Amerika, Du hast es besser", und wieder werden die Texte durch Originaldokumente, statistische Zahlen und Zitate ergänzt, um, wie es im Vorspruch des neuen Programms heißt: „die falschen Gedanken zu vernichten und neue zu verbreiten". Die Gemeinsamkeit des Kollektivs dokumentierte – auch dem Publikum gegenüber – das Auftrittslied.

Achtung! Achtung. Hier spricht das
    „Studio 34!"
Wir sind ein Kollektiv!
Drum ist es einerlei, ob ich es sage,
Oder ich – oder ich – oder ich –
Oder wir!
Alles, was wir einzeln sagen,
Sagen wir im Kollektiv!

Das Kabarett arbeitete auch mit Franz C. Weiskopf und Walter Taub vom „Neuen Deutschen Theater" zusammen, deren genauen Kenntnisse der Prager Verhältnisse ihnen wesentlich halfen, die administrativen Schwierigkeiten zu überwinden. Denn nach ihren Erfolgen intervenierten die deutschen Faschisten durch ihre Prager Gesandtschaft. Aus Furcht

„Studio 34", Prag, 1934 bei der Probe
Am Flügel: Rolf Jacoby, rechts daneben:
Erich Freund

Ihr drittes Programm widmeten sie Joachim Ringelnatz, der am 17. November 1934 in Berlin gestorben war. Hedda Zinner schrieb eine Rahmenhandlung für den poetischen Kabarettisten, der von den Nazis im Aprill 1933 Auftrittsverbot erhalten hatte. Mit Hugo Hupperts „Karelischer Rhapsodie", die den Bau des Ostsee-Weißmeer-Kanals in Sowjet-Karelien schildert, trat das „Studio 34" in der Prager „Lucerna" zum letzten Mal vor sein Publikum. Hedda Zinner und Fritz Erpenbeck waren schon im Frühjahr 1935 in die Sowjetunion emigriert, ihr Kabarett überlebte sie nur um vier Monate.

vor einer Trübung der „gutnachbarlichen" Beziehungen zu Nazi-Deutschland begann die tschechoslowakische Regierung die Arbeit des Ensembles durch einschneidende Zensurmaßnahmen zu behindern. Im zweiten Programm kann wohl noch Albin Stübs Satire „Propaganda-Frühling", die – unter Verwendung des Heine-Gedichts „Lorelei" – den von Goebbels propagierten Kampf gegen Miesmacher und Nörgler im Dritten Reich lächerlich macht, gezeigt werden, doch ein Song von Hedda Zinner, der die Verhinderung einer Kunstausstellung deutscher Emigranten in Prag zum Thema hat, fällt der Zensur zum Opfer. Anstelle dessen singt man den „Maulkorbzwang":

Ach wir armen Hunde
haben alle einen Maulkorb an,
weil man doch uns Hunde
nicht frei laufen lassen kann ...!

Ballade vom großen Trommler

Text: Hedda Zinner
Musik: Rolf Jacoby
„Studio 34", Prag
1. Programm 1934 „Passagiere der leeren Plätze"

Es ging ein Trommler – Rumdibum –
Im ganzen deutschen Land herum
Und schlug sein Kalbfell schier entzwei
Bei seiner Tri-tra-Trummelei . . .
Es war ein tolles Gekrache –
Er trommelte: Deutschland erwache!

So ging's viele Jahre – Rumdibum –
Es sprach sich allerorts herum,
Was dieser Trommelsmann versprach.
Die Trommelei war auch danach:
Mit lauten Wirbeln und leisen,
Da trommelt er zweierlei Weisen!

Er trommelt: Proleten – Rumdibum –
Was quält ihr euch denn so herum?
Laßt mich nun erst mal an die Macht –
Euer Lohn wird hoch hinaufgebracht!
Den Herren, die ihm was schenken,
Verspricht er, die Löhne zu senken . . .

Zeichnung: Fritz Eichenberg

Er trommelte, trommelte – Rumdibum –
Und fand ein großes Publikum.
Der ein wollt' dies, der andere das,
Der Trommler versprach's ohn' Unterlaß.
Doch sollt' er Versprochenes halten,
Ward's schlimmer, oder blieb beim alten.

Noch trommelt der Trommler – Rumdibum –
Gar manchem Mann war es zu dumm:
Mal hat es hier, mal da gekracht,
Und immer mehr sind . . . aufgewacht!
S.A. will sich nicht mehr gedulden,
Und der Trommler hat riesige Schulden.

Jetzt trommeln die Herren – Rumdibum –
Dem Trommler um beide Ohren herum:
Du nahmst deine Löhnung, Trommlersmann,
Von uns, den großen Herren, an –
Nun tu was für unsre Moneten:
Und halt' uns vom Hals die Proleten!

Der Trommler trommelt nun – Rumdibum –
Trübselig im Braunen Haus herum;
Er trommelt bei Tag, er trommelt bei Nacht,
Er trommelt und trimmelt: Wo bleibt die Macht?
Seine Birne wird weicher und weicher…
Und Jetzt toleriert er den Schleicher.*

Es platzte die Trommel – Rumdibum –
Allmählich verläuft sich sein Publikum.
Dem großen Trommler wird angst und bang –
Jetzt geht's bei gedämpfter Trommel Klang…
Er seufzt: Da muß was geschehen!!
Hier kan man in Gips ihn sehen…

Für zwo Mark fünfzig – Rumdibum –
Kauft man ihn jetzt als Unikum,
Wenn einem ausgeht erst der Grips,
Sagt man: der hat 'nen Kopp von Gips –
So weit ist schon der Trommler heute,
Der Trommler, der Trommler… geht pleite!

* Kurt von Schleicher (1882–1934), 1932 Reichs-
wehrminister, vom Dezember 1932 bis Januar 1933
Reichskanzler. Ermordet beim Röhm-Putsch.

Wiegenlied der Massen

Text: Hedda Zinner
„Studio 34", Prag
1. Programm 1934 „Passagiere der leeren Plätze"

Schlaf, mein Liebling, schlaf,
Mein kleines, schwarzes Schaf...
Einst warst du unsrer Liebe Lohn,
Doch, jetzt bist du ein Bastardsohn.
Schlaf, mein Liebling, schlaf.

Schlaf, mein Kind, schlaf ein.
Du bist ja noch so klein,
Du kannst es ja noch nicht versteh'n,
Was dir und mir, mein Lieb, gescheh'n.
Schlaf, mein Kind, schlaf ein!

Schlaf, mein Kindchen zart...
O werde fest und hart!
Das Hakenkreuz – präg es dir ein!
Saug' Haß, trink Haß in dich hinein!
Schlaf, mein Kindchen zart...

Schlaf, schlaf ein, mein Kind,
Bis einst ein Tag beginnt!
Denn Haß singt nicht aus mir allein,
Millionen wollen sich befrei'n –
Dann wache auf, mein Kind!

„Pst – still, Frau Rummelmann"

Text: Hedda Zinner
„Studio 34", Prag
2. Programm 1934 „Amerika, Du hast es besser"

Frau Grünkramhändler Lobedanz
Im Weißgetupften (in der Mitte)
Hält mittwochs ihren Kaffekranz
Das ist so Sitte.
Frau Bäckermeister Rummelmann
(Man sieht sie grad die Karten mischen)
Rückt mit der Schwiegertochter an.
Die trinkt inzwischen.
Und wie Ihr richtig gleich erkannt:
Die Frauen sind gänzlich unpolitisch
Im Dritten Reich der Mittelstand
Ist erst leicht kritisch.
Und was Frau Rummelmann so spricht,
Und was Frau Lobedanz dann findet...
Man weiß und weiß auch wieder nicht:
Ist das begründet?
So meint die Rummelmännin jetzt:
„Dies Spiel scheint mir wie unser Leben."
Frau Lobedanz brummt leicht entsetzt:
„Pst, still – sie gehen."
„Der König bei dem Bauer liegt
Trotz ganz verschiedener Int'ressen –
Die wahre Volksgemeinschaft siegt...
Jedoch – indessen –"
„Jedoch indessen bitt' ich Sie:
Wer Karten spielt, hält seinen Schnabel.
Sonst geht's uns plötzlich – man weiß nie –
ganz miserabel!"
„Sie spielen aus. Trumpf ist jetzt Kreuz,
Dran haben alle was zu tragen...,"
„Pst, still! Wer miesmacht, der bereut's."
„Trumpf-Neun! – Sie schlagen?"
„Da geh' ich mit 'nem König drauf.
Mein Stich." „Der Große frißt den Kleinen:
Schon hört die Volksgemeinschaft auf –
Es ist zum ... Weinen."
„Frau Nachbarin, ich bitt' Sie – still!
Ich darf Sie einfach nicht verstehen."
„Es denkt halt jeder, was er will –
Dann wird's schon gehen.

Sie stechen meine Trümpfe ab
Und ziehen Stich um Stich vom Leder...
Zu Haus geht's grad so. Nicht zu knapp!"
„Heut opfert jeder."
„Ja, jeder opfert, was er kann:
Sonst hieß es Steuern, heut' heißt es Spende;
Vor lauter Spenden ist der kleine Mann
Schon ganz am Ende."
„Sie reden sich um Kopf und Hals!
Man hat jetzt auch schon Frauen-Lager!"
„Mach ich denn mies? Ich keinesfalls. –
Der Stich war mager."

„Jetzt sind Sie hin, wenn Rot ich zieh'!
Manch einer glaubt sein Spiel zu kennen,
Und dann beginnt's – es fehlt Regie –
Zu früh zu brennen..."
„Ich weiß nicht recht, Frau Rummelmann,
Mir scheint hier manches höchst politisch?"
„I wo, ich seh' die – Karten an...!
Man wird halt kritisch."

„Lieber Gott, mach' mich fromm, daß ich auch nach
Holland komm'!"

Exil in Holland

Das Königreich der Niederlande, im deutschen Volksmund immer noch besser bekannt unter der unzutreffenden Bezeichnung Holland, wurde wegen seiner freiheitlichen Tradition, der schon vorher bestandenen vielfältigen Beziehungen zu Deutschland und nicht zuletzt wegen seiner geographischen Nähe zum Exilland für eine starke Fluchtbewegung. Bereits sechs Monate nach der Machtübernahme der Nationalsozialisten hielten sich annähernd 15 000 Flüchtlinge in den Niederlanden auf. Auf dem Höhepunkt der Bewegung im Jahre 1938 – nach der Besetzung der Tschechoslowakei und Österreichs – stieg die Zahl auf 30 000 deutsche Flüchtlinge. Für etwa 8 000 Emigranten bedeuteten die Niederlande die erste Station auf der Suche nach einer neuen Heimat. Für die verbleibenden Emigranten jedoch ergaben sich die größten Schwierigkeiten, sich eine neue Existenz zu schaffen. So gelang es lediglich etwa 4 500 Flüchtlingen einen Arbeitsplatz zu finden.

Die meisten blieben auf Unterstützung angewiesen. Der Grenzübertritt in das Nachbarland war in den ersten Jahren mit gültigem Paß ohne größere Formalitäten möglich gewesen. Erst im März 1935 wurden Bestimmungen erlassen, mit deren Anwendung Flüchtlinge an der Grenze abgewiesen werden konnten. 1938 schließlich mußte jeder, der nur vorübergehend im Lande bleiben wollte, 300 Gulden vorlegen. Um nun noch eine Aufenthaltsgenehmigung zu bekommen, war der Besitz von 10 000 Gulden nachzuweisen. Das war das Ende des zuvor großzügig gewährten Asyls in den Niederlanden. Hilfe dagegen erhielten die Emigranten von zahlreichen Solidaritätskomitees. Die weitreichende Bedeutung dieser Solidarität zeigte sich im Jahre 1940, als die deutschen Truppen das auf einen Krieg völlig unvorbereitete neutrale Königreich überfielen und der Widerstandskampf gegen Faschismus und Besatzung das ganze Land erfaßte. Viele mutige Niederländer halfen, die Geflüchteten neuerlich vor ihren Verfolgern zu schützen, obwohl Nazispitzel das Land überschwemmten und hausgemachte faschistische Verbände, in denen immerhin 35 000 Niederländer organisiert waren, den Widerstand boykotterten. In dieser profaschistischen weitgefächerten Meinungsfront ist mit der Grund dafür zu suchen, daß es den Besatzern möglich war, über 100 000 wehrlose jüdische Bürger in die Vernichtungslager zu verschleppen.

Für das kulturelle Leben galt Amsterdam als die wichtigste Stadt, in der Emigranten – oft in Zusammenarbeit mit der „Niederländisch-Deutschen Gesellschaft" – Lesungen, Konzerte, Film-, Theater- und Kabarettabende veranstalteten. Daneben fanden Einzelprogramme mit Kabarett-, Lied- oder Revue Darbietungen in Rotterdam, Antwerpen, Scheveningen und in der Hauptstadt des Landes Den Haag statt. Der Komponist Eberhard Rebling führte mit seiner späteren Frau Lin Jaldati jüdische Tänze und jiddische Lieder auf. Als er im Januar 1942 einen Einberufungsbefehl für die deutsche Wehrmacht erhielt, ging er in die Illegalität, schloß sich der Untergrundbewegung „De vrije Kunstenaar" an und gab unter dem Namen Jean-Jacques Bosch noch bis zu seiner Verhaftung am 10. Juli 1944 Hauskonzerte. Die Flucht aus einem Polizeiauto rettete Rebling vor der Todesstrafe wegen Landesverrat, Fahnenflucht und Sabotage. Sogleich nahm er die illegal gegebenen Hauskonzerte wieder auf, jetzt aber unter dem Pseudonym Piet Verhoeve. Ernst Busch lernte holländisch und gastierte mit neuen Songs und Kampf-

Ernst Busch und Willem Mengelberg mit Orchester 1934 in Amsterdam

liedern, die auch über die Radiostationen Beromünster und Hilversum verbreitet wurden. In Amsterdam erschienen eine Reihe wichtiger Exilzeitschriften wie „Die Sammlung", die Klaus Mann herausgab, und hier waren auch die Verlage deutscher Exilliteratur „Querido" und „Allert de Lange" ansässig.

Zumeist aus Zürich kommend gastierte zwischen 1934 und 1936 alljährlich für mehrere Wochen die „Pfeffermühle" in den Niederlanden. Dieses Kabarett verstand sich als „Tooned van onze tyd", als eine Bühne unserer Zeit, wie Erika Mann in einem Interview mit der Zeitschrift „WIJ" betonte, und weiter sagte sie: „Wir waren Fremde überall – nur zur Not geduldet von den Behörden, die sich gehalten sahen, uns jede direkte politische Betätigung zu untersagen. Zu nah und mächtig war rundum das Nazireich... Wir wirkten in der Parabel, im Gleichnis und Märchen, unmißverständlich, doch unschuldig – dem Buchstaben nach." Bereits 1931 hatte der holländische Revuekünstler Louis Davids die Leitung des Kurhaus-Kabaretts in Scheveningen übernommen. Er engagierte junge, aufkommende deutsche Talente

wie Werner Finck, Dora Gerson und das Kabarett „Ping Pong". Mit der Chansonsängerin Hedi Haas, dem parodistischen Gesangsduo Bep & Rit und dem Stimmenimitator Dotz Son Rethel unternahm er Tourneen durch Holland, bevor er in Amsterdam das „Leidseplein-Theater" eröffnete, in dem zahlreiche deutsche Emigranten in den wöchentlich wechselnden Kabarettprogrammen mitwirkten. Der holländische Kabarettist Wim Sonneveld beginnt hier, und Wim Kan mit seinem „ABC-Kabarett" ist ein gern gesehener Gast. 1934 regt Louis Davids das Ensemble von Rudolf Nelson dazu an, in die Niederlande zu kommen. 1938 überläßt Davids die Leitung des „Leidseplein-Theaters" dem Wiener Conférencier und Schnelldichter Josef Baar. Einen durchschlagenden Erfolg hatte auf Tourneen quer durch das Land die emigrierte Kabarett-Truppe „Theater der Prominenten". Die Mitwirkenden um Willy Rosen und Otto Wallburg spielten auch nach ihrer Internierung 1939 im Lager Westerbork Kabarettprogramme. Ihre Spuren verlieren sich in den Gaskammern von Auschwitz. Zuletzt gefundene Dokumente berichten von der Inszenierung eines Stückes mit dem Titel „De kuische Suzanne" durch Willy Rosen im „Theater van de Lach" in Amsterdam sowie von der Hollandgruppe „Freies Deutschland". Ständig bedroht vom faschistischen Sicherheitsdienst, führten sie in Privatwohnungen Revuen auf. Zwischen 1943 und 1945 erarbeiteten sie sich ein Repertoire von neun Puppenspielen. In der „Weihnachtslegende 1943" von Grete Weil zum Beispiel schilderten sie das Schicksal einer von den Nazis verfolgten jüdischen Mutter. Außer den Personen der Haupthandlung ließen sie auch deutsche Frontsoldaten, verschleppte Juden, den „Führer", SS-Offiziere und den Tod auftreten. Gefallene deutsche Soldaten klagten ihre Verführer an:

Hollandgruppe „Freies Deutschland",
1945, Amsterdam, Plakat

Wir waren jung, wir liefen durch die
     Straßen
Ganz herrisch und gewandt.
Sie fütterten die Seele uns mit Phrasen.
Heil Hitler, heil das Land!

Wir waren jung. Man hat uns ganz be-
     trogen
Um unser eignes Teil.
Denn alles, was sie sagten, war gelogen.
Heil Hitler, Deutschland heil!

Gespielt wurde vor kleinen Zuschauer-
gruppen, vor Menschen unterschiedlichster Weltanschauung und Herkunft, die
eines gemeinsam hatten: ihren Haß gegen
das nationalsozialistische Regime. Das
letzte Programm der Hollandgruppe
„Freies Deutschland" trug 1945 den Titel
„Das gefesselte Theater". Die Puppen-
spieler wurden – wie die Emigrantenkabaretts in vielen anderen Ländern –
durch ihre kontinuierliche Arbeit ein
wichtiges Sprachrohr des anderen, des
antifaschistischen Deutschlands.

Ping Pong

In Berlin gründete 1930 der damals
zwanzigjährige Kurt Egon Wolff, als
schüchterner Conférencier, das Kabarett
„Ping Pong". An der bunten Brettlmi-
schung der Programme waren Colette
Corder, Ellen Frank, Robert Klein-
Lörk, Franz Fiedler, Fritz Lafontaine,
Ilse Trautschold, das parodistische Ge-
sangduo Bep & Rit, der Stimmen- und
Geräuschimitator Dotz Son Rethel und
Dora Gerson mit ihren beeindruckenden
Chansoninterpretationen beteiligt. Im ersten Programm „Wir wollen lachen"
stand auch Liselott Wilke auf der Bühne,
die später unter dem Namen Lale Ander-
sen berühmt wurde. Curt Bry, der die
meisten Texte und Kompositionen
schrieb, begleitete zusammen mit Fried
Walter die Szenenfolge an zwei Klavieren. Bep & Rit sangen Variationen über
„Der Mai ist gekommen" im Stil verschiedener Komponisten wie Bach, Mozart, Verdi und Johann Strauß, zum
Schluß eine Jazz-Version. Nach Hitlers
Machtergreifung im Frühjahr 1933 beschlossen einige in Berlin zurückgeblie-
bene Mitglieder des „Ping Pong", sich
ihren Kollegen anzuschließen, die bei
Louis Davids im Amsterdamer Leidseplein-Theater auftraten. Im Jahr davor
hatten sie noch unbekümmert gelacht, als
Kurt Egon Wolff auf eine, sich hinter
dem Vorhang bewegende Unebenheit
zeigend sagte: „Da steckt doch sicher
wieder ein Jude dahinter." Am 6. Mai
1933 stellte sich das „Ping Pong" dem
Amsterdamer Publikum im „Rika Hop-
per Theater" als erstes Emigrantenkabarett vor. „Ein Weltgeschehen ist das
nicht" schrieb die liberale NRC (Nieuwe
Rotterdamse Courant) ironisch, „auch
wenn das Auftreten dieses deutschen Ensembles wohl mit anderen Weltereignis-
sen zusammenhängen wird". Neu zum

„Die Hitler-Bewegung"
1933, Amsterdam

Ensemble gekommen waren der mit dem
Leopold Jessner-Ensemble geflohene
Schauspieler Erwin Parker, der komisch-
dicke Géza Weisz, die Groteskänzerin
Julia Marcus, die schon 1930 in den Berliner Kabaretts ihre Hitler-Parodie getanzt hatte, und Chaja Goldstein mit jid-
dischen Liedern und Tänzen.
Mit dem zweiten Programm im August
1933, wieder mit Dora Gerson und dem
nachgereisten Curt Bry im Mittelpunkt,
zielte die Truppe noch genauer und ließ
nicht offen, was und wen sie meinten.
Eine „Gerhart Hauptmann" betitelte
Szene nannte der Kritiker der NRC
„brutal und schreiend wie die Zeit
selbst". In dem Sketch „Walzer 1913"
waren – fast prophetisch – Gasmaske
und Lippenstift gleiche Requisiten. Curt
Bry hatte das Repertoire um Texte von
Brecht und Hollaender erweitert und
selbst eine Parodie auf das „Sechs-Tage-
Rennen" geschrieben. Er ließ die Kabarettisten Schillers „Lied von der Glocke"
auf Sechstage-Weise vortragen. Das Programm endet mit dem „Hamlet" als amerikanischer Ernst Lubitsch Tonfilm. Ro-
senkranz und Guildenstern verkörperten
darin „das jüdische Personal". Es endete
ganz nach der Hollywood-Tradition mit

einem „Happy-End" und einer Hoch-
zeitsreise von Hamlet und Orphelia nach
Monte Carlo:

Sein oder Nichtsein – sage mir
Prinz Hamlet, wer ist heutzutage
Jud oder Nichtjud', das ist hier
Die sogenannte Rassenfrage.

Mit einigen Chansons scheint Curt Bry
die Forderungen des Kritikers Menno ter
Braak zu erfüllen, nämlich, daß die Emi-
grantenliteratur die eigene veränderte Situation widerspiegeln müsse. Bry tat dies
unauffälliger als andere Kabarettautoren.
Er ließ etwa einen Mann und eine Frau
als Straßenmusikanten auftreten und al-
lerhand Kunststücke vorführen, um die
Schwierigkeiten im Exil zu verdeutli-
chen. Probleme für die Einreise nach
Holland gab es für die „Ping Pong"-Ka-
barettisten nicht. Zwar mußten sie der
Fremdenpolizei beweisen, daß sie nicht
unterstützungsbedürftig waren, aber das
machten sie, indem sie abwechselnd die
geforderten dreihundert Gulden vorzeig-
ten, die eigentlich Hetty Citroen, der
Freundin von Dotz Son Rethel gehörten.
Doch die Arbeitserlaubnis wird den Kabarettisten Ende 1933 entzogen, und die
Gruppe geht daraufhin Anfang 1934 zu
einem Gastspiel in die „Tonhalle" nach
Zürich. Ohne Dora Gerson und Dotz
Son Rethel, aber mit Erwin Parker kehrte das „Ping Pong" im Herbst 1934 in die
Niederlande zurück. Sie erhielten wieder
eine Arbeitsgenehmigung, unter der Be-
dingung allerdings, auch holländische
Artisten zu engagieren. Doch Kurt Egon
Wolff und Curt Bry, die angeregt durch
die „Pfeffermühle" auf politisch-satirische Witze setzten, konnten das Ensemble nicht zusammenhalten. Ende 1934
wurde das „Ping Pong" aufgelöst. Dotz
Son Rethel reiste nach England, wo er
unter dem Namen Freddy Dosh ein hal-
bes Jahr lang im Orchester von Jack

Hylton auftrat. Später kam er mit seinem Manager Kurt Egon Wolff und mit Curt Bry in den Vereinigten Staaten zusammen, dem Sterbebett so mancher Kabaretts. Géza Weisz heiratete und blieb in Holland. Er hielt sich mit dem Verkauf von Theaterfotos und Übersetzungen mühsam über Wasser. Im Krieg tauchte er unter, wurde verraten, verhaftet und vergast. Dora Gerson kehrte aus Zürich zurück und heiratete den Textilkaufmann Max Sluizer, sie zusammen hatten zwei Kinder. Immer wieder wurde eine Flucht in die Schweiz vorbereitet, doch im letzten Moment abgesagt. Ende 1941 schließlich erreichten sie die Schweizer Grenze. Dort wollten die Begleiter den Kindern eine Spritze geben, damit diese nicht weinten. Dora lehnte ab. Sie wurden festgenommen und über das Durchgangslager Drancy in Frankreich in die Vernichtungslager geschickt.

Das „Ping Pong" aber hatte in Holland – schon lange vor der „Pfeffermühle" – gezeigt, daß politisch-satirisches Kabarett mit einem geschlossenen Programm, den Mut und die Kraft der antifaschistischen Emigranten verstärken kann.

Es kennt der Mensch im Leben nur Momente,
Momente so, Momente so.
Der Ort, an dem man etwas ewig haben könnte,
Den gibt es leider nirgendwo.
Ein guter Kurs und viel Applaus
Ein bißchen Zärtlichkeit, ein bißchen Glück,
Das alles dauert seinen Augenblick,
Dann ist es auch schon wieder Schluß.
Es kennt der Mensch im Leben nur Momente,
Momente so, Momente so.

„Ping Pong", Berlin
1931, Anzeige

„Ping Pong", Berlin
1931, Plakat

Straßenmusikanten

Text, Musik: Curt Bry
„Ping Pong", Amsterdam, 1933

Wir sind kein Bild von Rubens,
Und keins von Tizian,
Von Holbein sind wir auch nicht
Und nicht von Liebermann.

Wir sind ein Bild des Jammers
Das reinste Jammerbild
Sind arme Musikanten
Stimmt eure Herzen mild.

Das ist kein Stand auf Händen
Wenn er auch darauf geht,
Ein Mittelstand ists auch nicht,
Der auf dem Kopfe steht.

Das ist der Stand des Übels
Der reinste Übelstand,
Wir haben keine Bleibe,
Und ziehen durch das Land.

Wir singen nicht welsche Lieder
Und singen nicht: welche Pein!
Und welch ein Leben wird uns,
Wohl noch beschieden sein?

Wir singen welsch ein Kauder
Das reinste Kauderwelsch
Und haben wir was zu leeren
Dann ists ein bittrer Kelch.

Es ist kein Lotterielos,
Was uns so lustig stimmt,
Ein Seemannslos ists auch nicht,
Das auf dem Meere schwimmt.

Das ist das Los der Arbeit,
Denn sind wir arbeitslos,
Wir haben nichts zu geben,
Im Nehmen sind wir groß.

„Ping Pong", Amsterdam
1934, Eintrittskarte

Das ist kein Lied von Schubert,
Und keines ohne Wort,
Ein Volkslied ist es auch nicht,
Doch zieht es uns nun fort.

Das ist das Lied vom Ende,
Das Ende von dem Lied,
Jetzt gehn wir einen trinken
Das stärkt uns das Gemüt.

„Ping Pong", Amsterdam
1934 Szene: „Sechs Tage sprechen eine Glocke"
v. l. Dora Gerson, Geza Weisz (sitzend), Kurt Egon Wolff,
Dotz Son Rethel, Leo Lesch, Irmgard Andresen

Die Pointe

Text, Musik: Curt Bry
„Ping Pong", Amsterdam, 1934

Es war mal eine Pointe,
Sie war so schön und gut,
Aus allererster Familie,
Von allerbestem Blut.

Sie war ganz unpolitisch,
Hat niemandem wehgetan,
Und jeder, der sie hörte,
Fing laut zu lachen an.

Sie war auch keine von vielen,
Erotisch und gemein,
Sie war eine stille Pointe,
Ganz sauber und ganz fein.

Doch eines schönen Tages
Geschah die Schweinerei,
Man zog die arme Pointe
An ihren Haaren herbei.

Ein wilder Pointenmörder
Der hat sie umgebracht –
Da lag sie nun in der Ecke,
Kein Mensch hat mehr gelacht.

Die Pointe

Text, Musik: Curt Bry
„Ping Pong", Amsterdam, 1934

La Gaité

1934 kam der Berliner Komponist und
Kabarettist Rudolf Nelson (eigentlich
Lewysohn) mit seinem Ensemble von
Zürich seiner ersten Zufluchtstätte in die
Niederlande, eingeführt von Louis Davids, dem damals wohl berühmtesten
holländischen Kabarettisten. Rudolf Nelson (1878–1960) hatte ab 1903 in fremden und eigenen Berliner Kabaretts, mei-
stens vor einem exklusiven Publikum
und in schicker Umgebung gewirkt. In
Amsterdam ist das „La Gaité" (Die
Fröhlichkeit), ein intimes Lokal innerhalb des Tuschinski Filmtheaters, wie geschaffen für ihn. In den Herbst- und
Wintermonaten bringt das Nelson-Kabarett hier anfangs monatlich, später alle
zwei Wochen ein neues Programm heraus. Es besteht aus Sketches, Chansons,
Parodien, mit einem lockeren Faden an-
einandergereiht. Die Musik stammt von
Nelson, der an einem weißen Flügel begleitet, assistiert von Cor Lemaire an einem schwarzen Flügel. Die Texte sind
von Kurt Tucholsky, Erich Kästner,
Hans Hannes, Curt Bry, Emmerich Bernauer und später vor allem von seinem
Sohn Herbert. Im Sommer ging es zumeist auf Tournee ins Seebad Scheveningen, wo sich alljährlich in der Saison das
kulturelle Leben des Landes konzentrierte. Das mondäne Seebad und auch der
Rahmen in dem in Amsterdam gespielt
wurde, waren freilich kein Ort für
kämpferisches Kabarett. Wer hierher
kam, der wollte Unterhaltung – Ablen-
kendes und Vergnügliches. Nelson kannte dieses Publikum und seinen Ge-
schmack, und er verstand es, sich darauf
einzustellen. Mehr als sechzig Revuen
wurden in den Jahren 1934 bis 1940 herausgebracht unter Titeln wie: „1 000 Takte", „Man lebt nur einmal", „Etwas für
Sie", „Zwischen Himmel und Erde", „Es

Rudolf Nelson

wird geklingelt", „Dernier cri",
„Champs-Elysées", „Melodie der Mode". Der feste Stamm des Kabaretts blieb
jahrelang beieinander, dazu gehörten der
Conférencier Josef Baar, die Komiker
Kurt Lilien, Walter Fein und Harold
Horsten sowie die Chansoninterpreten
Eva Busch, Fritzi Schadl, Claire Eisel-
meyer und Dora Paulsen, die mit ihren
melancholischen Chansons für das erns-
thafte Gegengewicht sorgte. Nelson verließ sich nicht nur auf sein Ensemble, auf
seine Melodien und Programme. Er verstärkte die einzelnen Revuen auch durch
hervorragende Kräfte. So konnten zahlreiche Exilkünstler im „La Gaité" auftreten, u. a. Max Ehrlich, Franz Engel, Karl
Farkas, Kurt Gerron, Otto Wallburg,
Walter Behr und Peter W. Staub. Auf
Politik läßt sich das Ensemble nicht ein,
und Nelson blieb das, was er schon in
Berlin war, ein lächelnder, ein wenig
wehmütiger Chronist seiner Zeit. „Als
ich ihn im letzten Jahr besuchte", so

schrieb 1938 ein Mitarbeiter der „Pariser Tageszeitung", anläßlich seines 60. Geburtstages, „hatte sich nichts geändert: seine Melodien waren genauso reich wie einst, nur die Texte seines Sohnes waren um eine Nuance schärfer; die Unerbittlichkeit seiner Kunst war aggressiver geworden. ,La Gaite' liegt zwar in Holland, aber es ist doch Berlin geblieben." Der Erfolg des Kabaretts erzeugt bei den niederländischen Künstlern Futterneid, und mehrfach wird Nelson die Arbeitserlaubnis entzogen, der aber findet immer wieder einen Weg zur Rückkehr. Unter der wachsenden Bedrohung der Kriegsgefahr jedoch läßt das Nelson-Kabarett 1939 den Vorhang fallen. Nach dem Überfall der deutschen Truppen auf das Nachbarland im Mai 1940 versuchte Herbert Nelson zusammen mit Werner Levie, einem Mann, der im „jüdischen Kulturbund" in Deutschland tätig gewesen war, ein neues Revue-Kabarett in der 800 Plätze umfassenden „Joodschen Schouwburg" (Jüdisches Theater) in Amsterdam aufzuziehen. Sie erhielten auch tatsächlich die Genehmigung von den deutschen Instanzen und nahmen mit einem halb holländischen und halb deutsch-jüdischen Ensemble unter der Leitung von Rudolf Nelson und der holländischen Kabarettistin Heintje Davids den Spielbetrieb auf. Am Schluß der jeden Abend ausverkauften Vorstellungen sang man gemeinsam:

Das Leben geht weiter
Es bleibt niemals stehn.
Das Leben geht weiter
Wir müssen mit ihm gehn.
Musik als Begleiter
Beflügelt den Schritt.
Das Leben geht weiter,
Voll Hoffnung gehn wir mit.

Das einzige jüdische Theater zu dieser Zeit in den Niederlanden, das den Künstlern zeitweilig auch als Versteck diente, wird 1942 von der Gestapo geschlossen und in eine Deportationsstelle für KZ-Transporte umgewandelt.

Herbert Nelson macht nun – um seinen Vater und seine Mutter Käthe Erlholz, die ebenfalls in Amsterdam lebten, mit Nahrungsmitteln versorgen zu können – zwei Jahre lang Kabarett in einer Privatwohnung für die holländische Widerstandsbewegung. In diesem „Untergrund-Kabarett", hinter dicken Gardinen im ersten Stock des Hauses Merwedeplein No. 23, war der größte Teil des ausgesuchten Publikums Holländer, die es sich zum Gebot gemacht hatten, während der Besatzungsjahre kein unter dem neuen Regime geführten Theater, Kino oder Konzert zu besuchen. Ausgehungert nach Scherz, Satire, Ironie und tiefere Bedeutung strömten sie jeden Sonntag mittag in die Vorstellungen, in denen nicht applaudiert werden durfte. Herbert Nelson schrieb sämtliche Texte in holländischer Sprache, ebenso die Kompositionen, die er mit Lou van den Burg am Klavier begleitete. Zu dem kleinen Untergrund-Kabarett gehörte auch eine der besten holländischen Schauspielerinnen Enny Mols de Leeuwe. Herbert Nelson hatte im Fußboden des Zuschauerraumes, in dem er auch wohnte, einen Kurzwellenempfänger eingebaut – „und wann immer ich konnte, hörte ich die andere Seite". Der Titel des ersten Programms hieß: „Kom en luister" (Komm und hör zu), höre, was die Alliierten uns auf Kurzwelle mitzuteilen haben. Schließ die Fenster, warnte die Stimme, verriegle die Tür, sei ganz still und höre, was die BBC zu sagen hat. Stell deinen kleinen Kurzwellenapparat an und hör zu. Aber, mein Freund, paß auf, daß die Nachbarn nur nichts merken. Du weißt doch, die Wände haben Ohren. Sei vorsichtig, es geht um die Wahrheit, und nichts ist gefährlicher als die:

Rudolf Nelson (3. v. rechts) mit seiner Truppe 1934
bei der Ankunft in Amsterdam

Sluit de ramen,
Doe de deur op slot,
Draai het Licht uit,
Dat is het gebot!
Kom wat dichter
By me zitten vriend,
En geen woord meer,
Want het spel begint!

Kom en luister
In het duister
Naar 't gefluister
Van de B.B.C.
't kleine toestel
Staat vlak voor je,
Daaruit hoor je:
That's the B.B.C.
Maar myn vriend,
Let op de buuren,
Want de muuren
Zyn zo dun!
Daarum luister
In het duister
Naar 't gefluister
Van de B.B.C.
Steeds bereid zyn!
Steeds op tyd zyn!
Toegewyd zyn
An de B.B.C.

Vanuit London
Hoor je hoe het gaat
Hoe 't in waarheid
Met de wereld staat,
En die waarheid
Die je zo ontvangt,
Is 't waarnaar je
Dag lyke weer verlangt.

Für dasselbe Programm schrieb Herbert
Nelson eine „Ofen-Operette", worin eine Familie um einen kleinen Ofen sitzt
und auf bekannte Operetten-Melodien
von den kulinarischen Genüssen der Zeit
singt, die es alle nicht gab. In einer anderen Szene wurden die deutschen Wehr-
machtsberichte persifliert. Dieses Kaba-

RUDOLF NELSON
presenteert:
De 2e muzikale, Internationale Schlager-Revue.

„ETWAS FÜR SIE!"
(IETS VOOR U).

Het ensemble:
O.a. de vermaarde film-artisten
MAX EHRLICH — KURT LILIEN;
verder:
Dora Paulsen, Fritzi Schadl, Eva Busch, Lotte Dewis,
Harold Horsten, Walter .Behr, Peter W. Staub,
Walter Fein.

Aan 2 vleugels:
De componist RUDOLF NELSON
en zijn partner Fritz Freed.

De twee vleugels in dit Theater zijn beschikbaar gesteld door
Mirani's Piano- en Orgelhandel N.V., Westermarkt 29, A'dam-C.

De geheele opnamen in het foier van de kunstenaars van de
Nelson-Revue zijn uitgevoerd door atelier voor moderne kunstfoto's
Edith Schlesinger, Amsterdam, Beethovenstraat 48, Tel. 29452.

I. TEIL.

BILD	1.	„ETWAS FUR SIE!"	
		Harold Horsten, Peter W. Staub, Walter Behr	
BILD	2.	ETWAS UEBER DAS PHOTOALBUM	
		Peter W. Staub	
BILD	3.	MäDCHEN IN UNIFORM!! (Wir sind Puppen)	
		Die Grossmutter	Lotte Dewis
		Die Mutter	Dora Paulsen
		Die Enkelin	Eva Busch
BILD	4.	BOUDOIRGEHEIMNISSE	
		Der Herr	Harold Horsten
		Die Dame	Fritzi Schadl
BILD	5.	DER VATER (Ein Blitzsketsch)	
		Der Ehemann	Peter W. Staub
		Der Freund	**Kurt Lilien**
		Der Diener	Harold Horsten
		Die „weise Frau"	Lotte Dewis

„La Gaité", Amsterdam
1934, Plakat „Etwas für Sie!"

rett, existierte von 1943 bis zum Frühjahr 1945, ohne verraten oder entdeckt
zu werden. Nach dem Krieg gastierte
Herbert Nelson mit der deutschsprachigen Revue „Tanz über die Grenzen" und
mit einem Ensemble aus holländischen
und deportierten Künstlern in der
Schweiz. Im August 1947 übersiedelte er
nach New York und heiratete dort seine
Partnerin die Chansonniere Eva Nelson.
Mit ihr zusammen veranstaltet er seit Ende der fünfziger Jahre Zweipersonen-
shows in der traditionsreichen Art des
deutschen Kabaretts. Auch sein Vater
Rudolf Nelson überlebte die Gefahr des
Gestapo-Zugriffs, kehrte 1950 nach Berlin zurück, um neuerlich die Nelson-Re-
vuen populär zu machen.

Die Welt ist Welt geworden

Text: Curt Bry
Musik: Rudolf Nelson
„La Gaité", Amsterdam
1937 vorgetragen von Dora Paulsen

Wir fliegen über den Ozean
Und doch in die Stratosphäre.
Wir sehen von New York bis Teheran
Und holen uns Land aus dem Meere.
Wir sprechen von Oslo nach Samarkand
Ohne die Stimme zu heben,
Wir können im südlichsten Feuerland
Jack Hylton aus London erleben.

Die Welt ist klein geworden,
So winzig klein geworden!
Ein schöner Ball, mit dem Du gerne spielst.
Sie ist ganz Dein geworden
Und Allgemein geworden
Und wartet ab, wohin Du mit ihr zielst.
Wirst Du die Macht, die Du dir schufst
Zum Guten wenden,
Wird sie Dich blenden
Durch die Pracht?
Die Welt ist klein geworden,
Der Widerschein geworden
Von dem, was Menschenkraft aus ihr gemacht.

Wir haben die Technik gehegt und gepflegt,
Wir dünkten uns klug und weise,
Wir haben die Welt in Schienen gelegt,
Und kommen nun selbst aus dem Gleise.
Chinesische Kulis, japanische Herren,
Die weißen Europäer,
Sie standen sich immer so unerhört fern,
Jetzt rücken sie näher und näher.

Die Welt ist eng geworden,
So schrecklich eng geworden!
Du siehst die Luft vor lauter Drähten nicht.
S' ist ein Gemeng geworden
Und ein Gedräng geworden
Um einen Platz für Dich im Sonnenlicht.

Was nützt die Ernte Dir,
Die unter Dach und Fach war,
Der böse Nachbar nimmt sie Dir weg.
Die Welt ist eng geworden,
S' ist ein Gezänk geworden
Um jedes noch so kleine Stückchen Dreck.

Wir sausen mit tausend PS dahin,
Wir können es nicht mehr lassen.
Wir sitzen im Turm von Babel drin
Und stempeln uns ab als Rassen.
Wir haben das Licht elektrisch gemacht
Und können uns trotzdem nicht sehen.
Wir haben ein Esperanto erdacht
Und werden uns niemals verstehen.

Die Welt ist weit geworden,
So furchtbar weit geworden
Und alle Hoffnungen sind Träumereien.
Wir sind gescheit geworden
Und sind bereit geworden!
Auf dieser Welt nur Spreu zu sein.
Was das Gehirn zu Deinem Wohl erfunden
Hat Dich gebunden und nicht erlöst.
Die Welt ist weit geworden,
Und es ist Zeit geworden,
Daß Du nicht drunter, sondern drüber
    stehst!

Die große Straße

Text, Musik: Herbert Nelson
„Joodsche Schouwburg", Amsterdam
1940 vorgetragen

Die Häuser stehen da in Reih und Glied
Und blicken auf die Straße stumm hinab,
Und hör'n das freche, lärmend laute Lied,
Und dieses Lied reißt Tag und Nacht nicht ab.

Als ob sie große Kinderaugen machen,
So seh'n die Häuser mit den Fenstern aus.
Sie starren ängstlich in den Straßenrachen,
Und staunen immer wieder, Haus für Haus.

Wie das da unten hastet,
Nicht einmal ruht und rastet.
Ein Hin und Her, ein Auf und Ab,
Ein Kreuz und Quer in stetem Trab...
Und zwischen zwei bezwung'nen Häuserreih'n,
Ein Rattern, Knattern, Lärmen, Schwärmen, Schrei'n:

Es tut sich was
In der großen Straße!
Es tut sich was
Von früh bis spät.
Es tut sich was
Aber nicht zum Spaße
Und das ist das
Worum es geht!

Ja, das ist das Leben,
Das heutige Leben,
Und jeder Moment
Ist hundert Prozent!
Es tut sich was
In der großen Straße
Und was sich tut,
Tut sich mit uns!

Schweizer-Tournée Sommer 1946

Hollands internationale Künstler-Spiele

„Die Windmühle"

bringt

Tanz über die Grenzen

Symphonie eines Kontinents

Gesamtidee, Text und Musik von Herbert Nelson, jun.

Regie und Tanzeinstudierung: Jaroslav Berger

Herbert Nelson, 1946

Herbert Nelson
1946, Programmheft „Tanz über die Grenzen"

Durch die großen Straßen gehen Menschen
Auf dem Trottoir und überm Damm.
Abgesehen davon fahren Menschen
Mit dem Bus, im Taxi, mit der Tram.
Und die Menschen rennen und wandern
So durch das Gedränge und Gewühl.
Und es kennt der eine nicht den andern –
Jeder hat sein eig'nes, fernes Ziel.

Jeder von den Vielen trägt sein Schicksal
Unter seinen Kleidern mit sich rum.
Aber die erbarmunglose Straße
Steht und starrt und kümmert sich nicht drum!

(Refrain:)
Es tut sich was ...

Theater der Prominenten

Durchschlagenden Erfolg hatte in den Niederlanden die emigrierte Kabarett-Truppe „Theater der Prominenten" unter Leitung von Willy Rosen, der mit seiner Devise „Text und Musik von mir" schon der Star im Berliner „Kabarett der Komiker" gewesen war. Als sie im Sommer 1933 zum erstenmal in Holland gastierten, protestierte die „Niederländische Artisten-Organisation", ein Verband von Bühnen- und Varietekünstlern, beim zuständigen Minister für Arbeit gegen das Auftreten der deutschen Schauspieler. Im Sommer 1937 holte der Eigentümer des Unterwasser-Kabaretts „Lutine Palace" das Kabarett nach Scheveningen. Neben Willy Rosen waren zu jener Zeit die Komiker Siegfried Arno und Otto Wallburg die Hauptdarsteller. Sie bereisten gastierend kreuz und quer das ganze Land. Im Jahre 1938 hat Rosen wieder ganz andere „Prominente" engagiert: Trude Berliner, Oscar Karlweis und den ungarischen Komiker Szöke Szakall, die zusammen in über hundert Unterhaltungsfilmen mitgewirkt hatten. Österreichische Operettenstars, wie Rosy Barsony und Oscar Denes, Fritz Steiner und Otto Dürer, schlossen sich nach ihrer Flucht aus Österreich den Prominenten an. Sie hofften wie ihre Vorgänger auf die Überfahrt nach Hollywood. Doch der Krieg vereitelt diese Pläne. Ab 1939 wurde dann Max Ehrlich zum wichtigsten Darsteller des Ensembles.

In den Programmen wechselten in schneller Folge Couplets, Chansons, Textvorträge, Tanz, Sketche, musikalische Szenen und Blackouts einander ab. Willy Rosen schrieb jährlich vier bis fünf Revuen – Gesellschaftssatiren, die mit Witz und Ironie die menschlichen Schwächen und Begebenheiten verspotte-

THEATER DER PROMINENTEN

4de REVUE 1939

TEMPO!   TEMPO!

Revue in 22 Bildern

TEXT UND MUSIK
von
WILLY ROSEN

Regie: Willy Rosen und Max Ehrlich — Dekoration u. Kostüme: Felix Smetana

Am Flügel: Der Komponist

Am 2. Flügel: Erich Ziegler   Am Schlagwerk: Rally Wachtel

GASTSPIEL:

ROSY BARSONY	RITA GEORG
OSCAR DENES	MAX EHRLICH
FRANZ ENGEL	FRITZ STEINER
CLAIRE EISELMEYR	HERTHA V. LANGEN
ERICH ZIEGLER	OTTO SCHNITZER

„Theater der Prominenten", Amsterdam 1939, Programmheft „Tempo! Tempo!"

ten –, unter so eingängigen Titeln wie „Bitte einsteigen", „Hinter den Kulissen", „Weiße Witzwochen", „Große Kleinigkeiten", „Soeben erschienen" oder „Tempo! Tempo!".

1942 wird die Mehrzahl der Mitglieder des „Theaters der Prominenten" in das Lager Westerbork gebracht und von dort nach Theresienstadt und Auschwitz deportiert. War die „Pfeffermühle" für das antifaschistische Kabarett im Exil in den Niederlanden das wirkungsvollste, so war das „Theater der Prominenten" das vielleicht bekannteste und beliebteste, vor allem wegen Willy Rosen, wenn dieser zum Beispiel den Refrain sang:

Wenn, ja wenn, ja wenn das Wörtchen
   „wenn" nicht wär,
Dann wär die Welt gesund.
Wenn, ja wenn, ja wenn das Wörtchen
   „wenn" nicht wär,
Man säh dem Völkerbund,
Dem Feind und Freund, Kind, Frau und
   Arbeitsmann
Das Glück und auch den Frieden schon
   an der Neese an.
Wenn, ja wenn, ja wenn das Wörtchen
   „wenn" nicht wär,
Dann wär die Welt gesund.

Nicht so prominent wurden verschiedene
kleinere Emigrantenkabaretts in den Niederlanden, wie etwa die 1936 in Amsterdam spielenden „Tempo-Follies" mit
Igor Pahlen, Diana Diehl, Ernestine Co-
sta und Ernst Morgan. Die aus Mannheim geflüchtete Schauspielerin Alice
Dorell gründete 1935 zusammen mit Rosa van Hessen und Annie Prins ein Frau-
enkabarett. In einem größeren Ensemble
brachte sie gemeinsam mit jungen Nie-
derländern 1937 drei politisch-satirische
Programme heraus, in denen die Arbeitslosigkeit, Angst und Einsamkeit mit er-
greifendem Humor zu Wort kamen. Alice Dorell verlangte von ihrem Kabarett,
daß es Mißstände demaskiert und angreift und das in einer Zeit, die nach an-
spruchsloser Unterhaltung lechzte. Im
Jahre 1939 hat sie endlich Erfolg mit ihrem Kabarett „Pinguin", in dem auch
Cilly Wang mitarbeitete. Ihr Conférencier Herbert Perquin stellt im Januar
1940 fest: „Es gibt einen einzigen Trost,
so schlecht das Jahr 1939 auch war, 1940
wird bestimmt schlechter!"

In den Lagern von Holland

Zwischen Assen und Coevorden, unweit
der niederländisch-deutschen Grenze ge-
legen, wurde im Februar 1939 das „Zen-
trale Flüchtlingslager" Westerbork errichtet. Als die deutschen Truppen am
10. Mai 1940 die Niederlande überfallen
und okkupieren, befinden sich 750 illegal
ins Land gekommene Flüchtlinge in
Westerbork: Männer, Frauen und Kinder. Am 1. Juli 1942 übernehmen deutsche Instanzen, die SS und somit das
Reichssicherheitshauptamt Westerbork,
das nun zum „Polizeilichen Durchgangslager" umfunktioniert wurde. Im März
1944 wurde es dann zum „Arbeitslager"
erklärt. An seinem Charakter als Sam-
mel- und Durchgangsstation für die
Transporte der Juden in die Vernichtungslager änderte das allerdings nichts.
Für mehr als 100 000 von den 140 000 jüdischen Einwohnern der Niederlande –
darunter auch zahllose jüdische Emigranten – war Westerbork die letzte Station,
bevor sie in den Konzentrationslagern
und Gaskammern von Auschwitz, Ber-
gen-Belsen, Maidanek oder Theresienstadt ermordet wurden.
Das Lagerleben in Westerbork war straff
organisiert, obwohl ihre Anwendung
und Ausführung den Lagerinsassen selbst
überlassen blieb. Es existierten Einrichtungen unterschiedlichster Art. Es gab
ein Lagerwarenhaus, eine Lagerkantine
und sogar ein Kaffeehaus. Dort musi-
zierte eine kleine Streichergruppe, so un-
glaublich das auch zu sein scheint, und
das Gesangsduo Johnny und Jones sang
Stimmungslieder.
Eine der eigenartigsten Erscheinungen
war das überwiegend aus deutschen jüdischen Künstlern bestehende Kabarett
„Bühne Lager Westerbork". Seine Einrichtung erfolgte mit Unterstützung des
Lagerkommandanten SS-Obersturmfüh-

rers Konrad Gemmeker, offensichtlich sowohl zum Zwecke der Ablenkung von den Deportationen als auch zur Unterhaltung der SS- und Lagermannschaften. Max Ehrlich war als Leiter und Regisseur für die „Bunten Abende" verantwortlich und der meistbeschäftigte Darsteller. Willy Rosen schrieb die Texte, und zusammen mit Erich Ziegler, der die Vorstellungen musikalisch leitete, komponierte er auch die Musik zu allen Chansons, Liedern, Zwischenspielen und Tanzeinlagen. Zahlenmäßig umfaßte das Ensemble beim dritten Programm im Oktober 1943 seinen höchsten Stand, mit insgesamt einundfünfzig Lagerinsassen, die als Darsteller, Musiker, Tänzer oder Techniker mitarbeiteten. Neben Rosen, Ehrlich und Ziegler gehörten zum Stamm der sechs gespielten Programme auch die Kabarettistin Mara Rosen, die Sängerin Jetty Canton und die Tänzerin Esther Philipps. Im dritten Programm „Bravo! Da capo!" wirkte auch Kurt Gerron mit, der später 1944 in Theresienstadt noch das Lagerkabarett „Das Karussell" gestaltete. Nach der Dezimierung der Gruppe an der Jahreswende 1943/44 kamen ab dem vierten Programm mit Lisl Frank, Otto Aurich und Franz Engel drei neue Mitwirkende hinzu, die alle bis zur Auflösung der Bühne im Ensemble blieben. Die Programme waren spritzig-amüsant und pointiertgeistreich, oft von verspielter Ironie wie der Revuetitel „Hunde sind glückliche Geschöpfe" andeutet. Es mangelte nicht an Anspielungen auf das Lagerleben, doch leichter Spott und persiflierende Parodien über Zustände und Verhältnisse des alltäglichen Daseins, über Bewachte und Bewacher mußten angreifende Schärfe und zupackende Satire ersetzen. Ihr Schicksal wohl vorausahnend gestalteten die Kabarettisten ihr letztes Programm die „Groteske Kabarettschau" mit dem Titel „Total verrückt!". Im Pro-

grammheft hieß es: „Ach, sind wir meschugge – jetzt spielen wir Ihnen eine Oper vor! Ludmilla oder Leichen am laufenden Band."

Die Wirkung einiger Vorstellungen dieses Lagerkabaretts auf die Lagerinsassen beschrieb der holländische Journalist Philip Mechanicus in seinem Tagebuch: „Wir sitzen hier alle bis zum Halse im Dreck, und trotzdem trillert man. Psychologische Rätsel. Operettenmusik an einem geöffneten Grab . . . Unter Witzen blasen wir Halali." Die Schauspielerin Camille Spira, die ebenfalls in einigen Programmen mitgewirkt hatte und Westerbork überlebte, erzählte in einem Interview: „Wir, die wir Kabarett spielten, hatten immer noch die Chance zu bleiben. Wir hatten immer noch die Chance nicht weitergeschickt zu werden." Dies traf zu, denn andere deutsche Emigranten, wie Alice Dorell, Kurt Lilien, Otto Wallburg oder Géza Weisz, die sich als Kabarettisten nicht an der Lagerbühne beteiligten, wurden schon früher in die Vernichtungslager deportiert. Doch mit dem Lagerbefehl Nr. 86 vom 3. August 1944 wird auch das Kabarett zusammen mit dem Orchester und anderen kulturellen Einrichtungen verboten. Bevor Willy Rosen, gemeinsam mit Max Ehrlich, über Theresienstadt nach Auschwitz transportiert und dort – vermutlich Ende des Jahres 1944 – ermordet wird, schrieb er das Lied „Abschied von Westerbork". Als das Lager am 12. April 1945 von den englischen Truppen befreit wird, traf sie nur noch 876 Insassen an, darunter 229 deutsche Emigranten. Von den engeren Mitarbeitern der „Bühne Lager Westerbork" ist niemand mehr dabei.

Abschied von Westerbork

Text, Musik: Willy Rosen
Lager Westerbork, 1944

Mein liebes Westerbork, ich muß nun von Dir scheiden,
Eine kleine Träne läßt sich dabei nicht vermeiden.
Warst Du auch öfters hart und ungemütlich,
Du bliebst doch letzten Endes immer friedlich.
Mein Westerbork, Du plagtest mich sehr viel –
Und trotzdem hattest Du so'n eigenes Sex-Appeal.
Nun sag' ich leise „Servus", liebes Kesselhaus;
Ein letzter Flötenton und dann ist's aus.
Leb' wohl mein Hinterzimmer mit dem kleinen Teppich,
Ich flüstre heute selber zu mir leise: nebbich.
Leb' wohl, Du kleine Küche, leb' wohl W.C.
Daß ich den Kocher lassen mußte, das tut mir weh,
Du machtest öfters Kurzschluß, ach, das war nicht schön,
Dann konnte man den guten Türkel immer wütend sehn.
Adieu mein Schrank, adieu mein Bücherbrett.
Es hat mich sehr gefreut, es war sehr nett.
Adieu mein lieber Stammpot und mein Vuilnisbak,
Ich gehe auf die Wanderschaft mit Sack und Pack.
Ich drücke Dir zum letzten Mal die Hände E.H.S.U.
Noch ein Driepoeder und dann fällt der Vorhang zu.
Lebt wohl, ihr vielen Dienstbereiche.
Ich bin nun nicht mehr eingeteilt, ich mache Platz, ich weiche.

Manchen Transport sah' ich von hier verreisen,
Und jetzt – jetzt wirft man selber mich zum alten Eisen.
Jetzt steig' ich selber mit dem Rucksack in den Zug.
Ganz unter uns gesagt, ich find' es schlimm genug.
Doch Mitleid will ich nicht und keinen guten Rat,
Ich werd's schon schaffen, ich bin ein alter Frontsoldat.
In Westerbork kann mir nichts mehr passieren,
Ich geh woanders Zores organisieren.
Gebt mir zum letzten mal noch eine Zusatznahrung.
Ich geh mit Butter weg, und mit sehr viel Erfahrung.
Ich packe alles ein, ich lasse nichts zurück,
Sogar mein Frauchen nehm ich mit, mein bestes Stück.
Adieu „F.K." und „V.", adieu auch Wäscherei –
Es wird heut' meine Wäschenummer wieder frei.
Auch liebe Ipa lebe wohl, ich muß jetzt wandern,
Erzähle deinen Schmonzes nun den andern!
Lebt wohl, Ihr alten Kampinsassen, liebe Brüder,
Vielleicht sehn wir uns im Leben nochmals wieder!

BÜHNE LAGER WESTERBORK
LEITUNG: MAX EHRLICH

Bunter Abend

Texte aller Chansons:
    Willy Rosen
Musik:
    Willy Rosen-
    Erich Ziegler
Regie:
    Max Ehrlich
Musikalische Leitung
und Instrumentation:
    Erich Ziegler
Tänze:
    Otto Aurich
Dekorationen:
    Leo Kok

5. Programm   April 1944

Lager Westerbork
1944, Programmzettel

Willy Rosen
Zeichnung: Emmerich Göndör

'Ne Ansichtskarte darf ich Euch nicht schreiben,
Vielleicht kann ich bei Euch so im Gedächtnis bleiben.
Nun sitz ich im Coupé, gleich wird es pfeifen,
Noch einmal laß ich meinen Blick über die Gegend schweifen. –
Nun weiß ich doch – ich leide Qualen.
Adieu mein Westerbork, Post Hooghalen.

Exil in Frankreich

Viele Franzosen bezeichneten ihr Land in Erinnerung an den von tiefem Humanismus zeugenden Wahlspruch der Französischen Revolution von 1789 „Liberté! Egalité! Fraternité!" gern als das Vaterland aller Verfolgten. In der Tat lebten hier in der ersten Hälfte des 20. Jahrhunderts ständig mehrere Millionen Immigranten, viele Tausend Emigranten oft für längere Zeit. Nach der Errichtung der faschistischen Diktatur in Deutschland nahm Frankreich Zehntausende Verfolgte auf. Ein aus dem 19. Jahrhundert stammendes Fremdengesetz regelte den Aufenthalt von Nichtfranzosen. Generell galt, daß jeder, der sich länger als zwei Monate in Frankreich aufhalten wollte, eine persönliche Kennkarte (Carte d' Identité) beantragen mußte, die nach zwei Jahren ihre Gültigkeit verlor; auf Verlängerung bestand generell kein Anspruch. Die Antragsteller hatten nachzuweisen, daß sie mit gültigem Visum über einen offiziellen Grenzübergang in das Land eingereist waren und über genügend Geldmittel verfügten, um ihren Lebensunterhalt zu bestreiten. Da die Flüchtlinge aus Nazideutschland meist ohne Ausweis und ohne Geld über die „grüne Grenze" geflüchtet waren und für sie keinerlei Aussicht bestand, eine Aufenthaltsgenehmigung zu erlangen, verzichteten viele auf polizeiliche Anmeldung und lebten illegal. Außerdem hing die Ausstellung einer Kennkarte von der Entscheidung des jeweiligen Präfekten, also von der Polizei ab. Allein 1933 betrug die Zahl der Ausgewiesenen nach offiziellen Angaben 7403. Aufgrund der Proteste der Kommunisten und Sozialisten setzte sich allmählich eine gemäßigtere Flüchtlingspolitik durch. Die Zeit der Volksfront brachte im August 1936 tatsächlich Verbesserungen in der Ge-

setzgebung. Emigranten, die bisher illegal leben mußten, konnte durch ein Comité Consultatif der Status eines politischen Flüchtlings zuerkannt werden. Damit erhielten sie die Möglichkeit, sich legalisieren zu lassen. Unter dem Vorwand nationaler Sicherheitsinteressen wurde am 2. Mai 1938 allerdings ein Dekret verkündet, das den Status der Flüchtlinge einschneidend verschlechterte. Hohe Gefängnisstrafen und anschließende Ausweisung waren denjenigen angedroht, die die Grenze illegal überschritten hatten oder die sich nach Entzug der Aufenthaltsgenehmigung weiter in Frankreich aufhielten. Gleiche Strafen hatten Franzosen zu erwarten, die Flüchtlinge ohne polizeiliche Registrierung bei sich aufnahmen. Eine weitere Verschärfung der Ausländergesetze erfolgte 1939, in der angeordnet wurde, daß die von Ausländern gebildeten Organisationen und Vereinigungen ihre Satzungen und Mitgliederlisten der Polizei zu übergeben hatten.

Die Zahlen über die Stärke der deutschen Emigration in Frankreich weichen oft erheblich voneinander ab. Von April bis November 1933 waren nach einem Bericht der Pariser Präfektur in Paris 7195 deutsche Flüchtlinge registriert, darunter 425 Künstler. Für 1935 schwanken die

Zahlen in verschiedenen Berichten zwischen 25 000 und 35 000 Flüchtlingen, davon dürften 7 000 bis 9 000 politische Flüchtlinge gewesen sein.

Die Nazispitzel, die das Land zu Tausenden überfluteten, fielen übrigens nicht unter die verschärften Fremdengesetze, obwohl sie es waren, die das Land gefährdeten. Sie hatten dank ihrer Beziehungen in Ämtern und Behörden, in der Polizei und nicht zuletzt in den Ministerien erstklassige Identitätspapiere und verfügten über ausreichend Geld. Am 1. September 1939 überfiel Nazideutschland Polen. Am 3. September erklärten die französische und die britische Regierung Deutschland den Krieg. Am 10. Mai 1940 begann die faschistische Aggression gegen Frankreich, Belgien, Luxemburg und die Niederlande. Am 14. Mai durchbrachen die deutschen Panzer die Front bei Sedan, und am 14. Juni marschierte die Naziwehrmacht in Paris ein. Für viele Künstler begann nun erneut ein Leben in der Illegalität oder die Flucht.

Nach der Machtergreifung der Nationalsozialisten und spätestens aber nach dem Reichstagsbrand waren zahlreiche Künstler nach Frankreich geflohen, darunter Alfred Kerr, Hermann Kesten, Klaus Mann und die dem Agitprop nahestehenden Autoren Erich Weinert, Friedrich Wolf und Franz C. Weiskopf, der 1939 über Paris in die USA emigrierte. Erwin Piscator lebte von 1936 bis 1939 in Paris, und auf den zahlreichen Veranstaltungen der deutschen Volksfront in Paris sang Ernst Busch seine proletarischen Lieder, begleitet von Hanns Eisler am Klavier. Walter Mehring war beim Einmarsch der deutschen Truppen in Wien am 13. März 1938 nach Paris geflüchtet und von dort im Herbst 1939 mit ca. 300 Emigranten ins Camp de Falaise (Normandie) eingeliefert worden, wo er im Februar 1940 wieder entlassen wurde. Nach dem Einmarsch der deutschen Truppen in Paris flieht er quer durch Frankreich nach Marseille und wird im September 1940 ins Lager St. Cyprien interniert. Durch Intervention der amerikanischen Journalistin Varian Fry vom „American Rescue Comitte" wird Mehring im November 1940 entlassen und flieht schließlich über La Martinique nach Miami. Salomo Friedlaender, der sich Mynona nannte (Anagramm von anonym) und schon 1910 bei den kabarettistischen Aktivitäten der Expressionisten mitgewirkt hatte, war am 16. Oktober 1933 nach Paris emigriert. Nach der Okkupation verläßt er mehrere Jahre seine Wohnung nicht. Als ihn am 8. Mai 1943 die Gestapo abholen will, ist er nicht transportfähig. Seine Frau wird ins Internierungslager Drancy eingeliefert. Am 9. September 1946 stirbt Friedlaender 76jährig und wird auf Armenkosten im jüdischen Teil des Pariser Friedhofs Pantin beerdigt. Mit Ernst Busch war auch seine Frau, die Chansonsängerin Eva Busch 1933 von Berlin nach Paris emigriert, von hier aus gastierte sie in der Schweiz, in Belgien und im Nelson-Kabarett in Amsterdam. Am 13. Mai 1940 gab das Innenministerium ein Communique mit dem Wortlaut heraus: „Alle Staatenlosen – alle Ausländer, die nicht zu den Alliierten gehören, müssen sich sofort in dem Velodrome d'hiver (dem Pariser Sportpalast) melden. Sie dürfen das Notwendigste mitbringen, aber das Gewicht darf 20 Kilo nicht übersteigen. Sie werden in eine überwachte Residenz geschickt." Eva Busch, von Nazideutschland ausgebürgert und staatenlos fiel unter das Gesetz. Sie kommt in das Sammellager von Gurs. Sie wird zwar bald wieder entlassen und kann noch in dem Pariser Cabarett „ABC" auftreten, doch schon sechs Tage nach der Premiere wird sie erneut verhaftet und von der Gestapo verhört. Am 13. Februar 1941 bringt man sie in das Mili-

tärgefängnis Cherche-Midi in Einzelhaft.
Die Gestapo erhoffte sich Aussagen über
ihre Freunde und Kollegen. Da man von
ihr jedoch nichts erfuhr, wird sie noch
im September 1941 ins Konzentrationslager Ravensbrück eingeliefert. Eva Busch
überlebte die Folter der Verhöre in Paris
und Berlin und auch das KZ und konnte
nach 1945 wieder in Paris singen. Auch
Guy Walter, der nach Paris emigriert
und in Gurs interniert war, konnte nach
1945 das Kabarett im Rundfunk, beim
Südwestfunk in Baden-Baden und – nach
der Gründung des Zweiten Deutschen
Fernsehens (ZDF) – auch im Fernsehen
etablieren. Dr. Karl Wilzynski, die ehemals graue Eminenz des Berliner Rund-
funks leitete in Paris ein Emigrantenkabarett in deutscher Sprache, in dem
Guy Walter und auch Lilli Palmer mit
ihrer Schwester, Wolfgang Zilzer und
Leo Askenasy auftraten. In den Cafés
auf den Champs-Elysées, wo bis 1929
noch Kurt Tucholsky verkehrt hatte,
konnte man nun Oscar Karlweis, Karl
Farkas, Margo Lion, Marianne Oswald,
Rita Georg oder Mitzi Bera treffen. Von
den Schwierigkeiten der fremden Sprache
unabhängig waren die Unterhaltungs-
Pianisten und Komponisten wie der
langjährige Mitarbeiter Rudolf Nelsons
Walter Joseph und der Pianist der Berliner Jockey-Bar Walter Goehr. Ebenso
unerwünscht in Deutschland und nach
Paris emigriert waren Fred Freed, der
später Pianist von Maurice Chevalier
wurde und Joseph Kosma, der die Chan-
sontexte von Jacques Prévert vertonte,
sowie die Komponisten Rolf Marbot,
Norbert Glanzberg, Werner Richard
Heymann und Charles Leval, die viele
Kabarettchansons vertonten. In den Lo-
kalen der Künstlerviertel Montparnasse
und Montmartre traf man die Grotesktänzerin Valeska Gert, die Schauspieler
Kurt Gerron, Marianne Kupfer, Tatjana
Barbakoff, Helene Weigel, Lotte Lenya,

„Bunte Bühne", Paris
1938, Signet

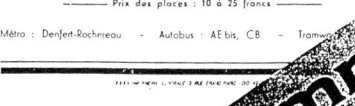

„Denfert-Rochereau", Paris
1932, Plakat „ETC. ETC."

Bunter Abend

Donnerstag,
31.Maerz, 9 Uhr

LITERARISCHE DARBIETUNGEN:
Von deutschen Anti-
faschisten verfasste POESIE UND
PROSA im spanischen Krieg.

MUSIKALISCHE NUMMERN
Lieder zur Laute
Spanische Originalschallplatten
.... Tanzvorfuehrungen........

POLITISCHE INFORMATIONEN
Kurzer Bericht ueber
die letzten Vorgaenge in Spanien,

UEBERRASCHUNGEN::::::::::::
ECHTE OSTERSOLLEN, div.Getraenke
o-o-o-o-o-o

Die Veranstaltungen finden statt:
Café, 100 rue de Vanves
wwwwwwwwww

PARIS WIE ES
WENIGE KENNEN

Am Donnerstag, den 7.April ,9 Uhr
spricht
RUDOLF LEONHARD

ueber unbekannte Kuriositaeten
und Sehenswuerdigkeiten dieser
Stadt.
o-o-o-o-o
o-o-o-o-o

Am 14. April, abfs. 9 Uhr

berichten

3 ANTIFASCHISTEN
ein Japaner, ein Chinese,
ein Deutscher ueber das Thema

WAS GEHT IM FERNEN
vvvvvvvvvvvvvvvvvvvvv
OSTEN VOR???
vvvvvvvvvvvvvvv
wwwwwwwwwwww

„Bunter Abend", Paris
1935, Programmzettel

Fritzi Massary, die Tänzer Harry Feist und Rolly Stavor, die Paris ebenfalls mehr oder weniger als Durchgangsstation ansahen. Der Schauspieler Jürgen von Alten, der sich in Paris George Dunau nannte, hatte bereits im November 1932 am Place Denfert-Rochereau ein Kabarett unter dem Namen dieser Adresse eröffnet und präsentierte mit deutschen, englischen und französischen Künstlern ein dreisprachiges Programm. 1939 gastierten im „L'Imperatrice" die österreichischen Kabarettisten Karl Farkas und Oscar Karlweis zusammen mit dem französischen Chansonsänger Charles Trenet. Die Mitglieder der „Truppe 31" hatten beschlossen, sich am 1. Juli 1933 in Paris zu treffen, um ihr erstes Werk „Professor Mamlock", das Friedrich Wolf für die Agitprop-Truppe geschrieben hatte, einzustudieren und mit dieser Aufführung auf Tournee zu ge-

hen. Da sich Alexander Granach, der den Mamlock spielen sollte, noch in Berlin aufhielt und die finanziellen Mittel für eine Aufführung ebenfalls nicht aufgebracht werden konnten, blieb es im Juli 1933 bei einer Lesung des Stückes in Paris. An der Lesung nahmen neben dem Autor Friedrich Wolf fast alle Mitglieder der Truppe teil: Gustav von Wangenheim, Heinrich Greif, Arnold Czempin, Steffie Spira, Günther Ruschin, Inge von Wangenheim, Theodor Popp, Curt Trepte und Louisrose Fournes. Nach dem Scheitern des „Mamlock"-Projektes und der Entscheidung einiger Mitglieder, einer Einladung Erwin Piscators nach Moskau zu folgen, widmete sich in der Folgezeit der Emigration in Frankreich eine kleinere Gruppe um Steffi Spira und Günther Ruschin vorwiegend dem Kabarett.

Laterne

Am 2. März 1934 kündigte das „Pariser Tageblatt" eine Veranstaltung mit bekannten Berliner Schauspielern im Salle Adyar unter dem Titel „Heute steigt der Ballon" an. Die öffentliche Reaktion in der Presse auf diesen Kabarettabend war sehr positiv. Ermutigt durch den Erfolg trat das kleine Kollektiv schon einen Monat später unter dem Namen „Die Laterne" im Caveau Desmoulins, einem bekannten historischen Keller, auf. Bekannt ist dieser Keller, der seit der Französischen Revolution zu allen Zeiten Künstlergruppen und Kabaretts beherbergt hatte, auch unter dem Namen „Cabaret du Palais-Royal". Was Henryk Kreisch, der Texter des Kabaretts, auf einem Programmzettel dem Publikum als „Überlegungen für den Zwischenakt" mitteilte, kann als Credo all jener Emigranten gelten, die mit Witz und Optimismus ihre Misere überwanden: „Wir wünschen keine Blumen zu unserem Begräbnis, sondern ziehen es vor, selber zu blühen ... Unser Ziel ist, Realisten zu sein im richtigen Sinn des Wortes und das heißt: zum Bewußtsein der Wirklichkeit gelangen und so handeln, daß die Wirklichkeit sich unseren Wünschen anpaßt. Was das betrifft, so erteilen wir der Zukunft ein Vertrauensvotum."

Die Leitung dieses Kabaretts, das jahrelang das einzige deutsche Emigrantenkabarett in Paris war, lag in den Händen von Hans Altmann, Günther Ruschin und Werner Zach (Florian). Weitere Mitwirkende waren Steffi Spira, Barbara Burg, Erich Berg, Alfred Buchner, Heinz Ganther, Marianne Oswald, Barbara und Walter Bucher. Aber auch Helene Weigel kam zu einzelnen Veranstaltungen aus Dänemark herüber. Der Maler und Grafiker Heinz Lohmar schuf die Bühnenbilder, und der Komponist Jo-

„Laterne", Paris
1934, Signet

„Laterne", Paris
1934, Programmheft

seph Kosma (Jo Cosma) beteiligte sich als Pianist und Hauskomponist. Die organisatorische Leitung besorgte Alphonse Kahn. Im Grunde jedoch waren alle Mitglieder des Ensembles an der Realisierung der Programme beteiligt. Steffi Spira berichtete, daß sie tischlerten, auf dem Flohmarkt Möbel und Requisiten zusammensuchten, Sketches schrieben. Wie die meisten Exilkabaretts setzte sich auch die „Laterne" mit der Situation der Emigranten (besonders im Programm „Du Mont Parnassauer") und den Zuständen in Nazideutschland auseinander. Dabei verwendeten sie unter anderem Texte von Brecht, Weinert, Tucholsky und Kästner. Auch das internationale, politische Geschehen wurde behandelt, beispielsweise in Henryk Kreischs Chanson „Reis auf Chinas Äckern" (Musik: Joseph Kosma), das die Solidarität der Kabarettisten mit dem Kampf des chinesischen Volkes ausdrückte:

Viele Mühe macht der Reis.
Niedrig steht der Reis im Preis.
Aber immer noch zu hoch für jene
Kulis, welche die Sirene
Ruft, daß sie den Reis verladen,
Die in ölig glattem Schweiß
Ihre glatten Leiber baden –
– Viele tausend Säcke Reis –!

Auch Literaturparodien und unbeschwerter Spaß kamen zu Wort, und Marianne Oswald, die 1925 in Berlin am „Korso-Kabarett" angefangen hatte, sang Songs von Brecht und Weill und von Jean Cocteau und Jacques Prévert, zum Teil mit Kosmas Musiken. Ihr deutschexpressionistischer Vortragsstil hat nach dem zweiten Weltkrieg das Chanson von St. Germain-des-Prés nachhaltig beeinflußt.
Nach einer größeren Spielpause im Jahr 1935, fand am 25. Januar 1936 im Salle Duncan das Comeback der „Laterne"

statt. Es gab zum Beispiel Sketche wie „Hedwig-Kotz-Malheur" und „Adolf und Eva" und dann eine Szene des großen Zirkusausverkaufs, in der Göring sich als Zirkusdirektor darüber ausließ, welchen Ausverkauf er in diesem Zirkus bringen werde. Solche politischen Anspielungen brachte das Kabarett ohne Rücksicht darauf, daß Leute von der deutschen Botschaft oder Nazispitzel im Publikum saßen. Bis April 1938 gestaltete das Kollektiv insgesamt 9 Programme, die unterschiedlich lange gespielt wurden. Ein Teil des Ensembles setzte seine Arbeit dann in der „Bunten Bühne" fort, ein Kabarett, in dem, in bunt zusammengestellten Programmen beispielsweise die 1934 von Walter Mehring in Paris geschriebene „Ode an Berlin" oder Max Zimmerings im gleichen Jahr entstandenes Gedicht „Das Flugblatt" vorgetragen wurden. Geleitet wurde die „Bunte Bühne" auch wieder von Alphonse Kahn, der in seinen Conférencen witzelte:

Lieber Wilhelm steig hernieder
Und regiere Deutschland wieder.
Laß in diesen schweren Zeiten
Adolf Hitler oben reiten.

In einem Brief schrieb Alphonse Kahn 1946 an den Mitbegründer des ersten Nachkriegskabaretts in München, an Otto Osthoff von der „Schaubude": „Wir brachten die Welturaufführung von Brechts Spanienstück ‚Die Gewehre der Frau Carrar', die ‚Dreigroschenoper' in französischer Sprache unter Mithilfe bekannter französischer Künstler. Wir erfaßten auch große Teile der Pariser theaterinteressierten Kreise … Während des Spanienkrieges konnten wir unseren deutschen Spanienkämpfern beträchtliche Mittel überweisen. Eine Fortsetzung fand unsere Arbeit in späteren Jahren in den Lagern Vernet und Gurs zur Erbauung unserer inhaftierten Kameraden."

„Laterne", Paris
1934 Programm: „Du Mont Parnassauer"
v. l. Günther Ruschin, Werner Zach

„Laterne", Paris
1934 Programm: „Du Mont Parnassauer"
v. l. Günther Ruschin, Werner Zach, Steffi Spira
(lesend)

Neues aus der Flüstergrotte

Text: Henryk Keisch
„Laterne", Paris, 1938

Im Nazireich die Luft ist schwer
Und dicht erfüllt von scharfem Flüstern.
Die Leute schnuppern, blähn die Nüstern:
Was kann das sein? Wo kommt das her?

So Bürger, Bauer wie Prolet,
Die Pfarrer gar samt ihren Küstern,
Straßauf, straßab – sie alle flüstern,
Daß es nun nimmer weitergeht.

Denn jeder sieht und weiß es schon
Und jeder will es weiterflüstern,
Daß Deutschlands Herren beutelüstern
Die Welt mit Krieg und Brand bedrohn.

Daß dies Regime der Teufel hol,
Ist Sinn, ist Ziel von all dem Flüstern.
Dem Führer und seinen Ministern
Wird bei dem Flüstern gar nicht wohl.

Es wankt und schwankt ihr Kartenhaus,
Sie hörn es schon verdächtig knistern.
Das macht das Flüstern! Ja, dies Flüstern,
Vorzeichen ist's ihres Garaus!

„Laterne", Paris
1935 Szene: „Die Optimisten und die Pessimisten"

Ode an Berlin

Text: Walter Mehring
„Laterne", Paris, 1938

Manchmal berliner ick aus'n Traume
Und soo 'ne Träne kullert mir auft's Schemisett.
Ich höre ümmassu:
„Nu sind wa frei im deutschen Raume!"
Nee, Emil; nich, det ich dir flaume,
Emil angter nanu*:
Jloobst'n det? Jloobst'n det?

Ihr Spreeathener,
rauh, mit defter Plauze:
Wir kenn'n uns doch – mir kommt ihr doch nich doof.
Der helle Deez – die wunderkesse Schnauze –
Der vierte Hinterhof mit Feez und Schwoof –
Die jriene Minna – und die Mutter Jrien
Und sonntachs nach de Müggelberje peesen –
Mir wollt a was assähln von fremden Wesen?
Mir nich, Berlin!
Mir nich, Berlin!
Ick war doch immer mang eich mang mit Herz und Breejen!
Det is der Dank – ist das der Dank?
Von wejen!

Ihr duften Pankejöhrn – Ihr frechen Bollen!
Wir jing'n uns doch ins jleiche Freibad aal'n!
– Een Kissken, Schatz! – Herr Oba, noch sswee Mollen! –
Der Mond, da drob'n – der konnte uns was mal'n!
Det war doch soo – wir hatten doch was los,
Wenn wir zwei in de Lausekisten pennten.
Mir willste sahr'n von fremden Elementen?
Nee, sach ma bloß!
Nee, sach ma bloß!
War ick nich ümma mang dir mang mit Herz und Breejen?
Det ist der Dank – is das der Dank?
Von wejen!

* Angter nanu: berlinischer Verballhornung von
entre nous.

„Ein Nero – in Papier"
1933, Paris

Ihr Browkes – und ihr „Blauen Abführmittel":
Jetzt bin ick Neese, wenn's nach Treptow jeht?
Nu brillt ihr: Heil? Und looft im braunen Kittel?
Wat denn! Da hat woll eener dran jedreht?
Ich weeß doch, wo de Ferdeäppel blieh'n.
Ick stand doch du und du mit jeden Zossen,
Mir habt ihr aus de Innung ausjeschlossen?
Sach ma, Berlin,
Schämste dir nich?
Ich bleibe mang dir mang mit Schnauze, Herz und Breejen!
Wat is dein Dank – das is dein Dank?
Von wejen!

Das Flugblatt

Text: Max Zimmering
„Bunte Bühne", Paris, 1938

Du fährst mit deiner Stadtbahn,
Im Beutel liegt die Thermosflasche,
Siehst dir die Illustrierten an –
Da stiert dein rechter Nebenmann
Auf deine graue Frühstückstasche.
Am Ziel, die Tasche in der Hand,
Willst du die Straße überschreiten –
„Moment, Herr! Keinen Widerstand!
Sie werden mich begleiten."

„Der Friedensbringer"

Du willst den alten Sommerhut
Mal gründlich säubern lassen
Und tust, was schließlich jeder tut:
Nimmst ein Papier, verpackst ihn gut
Und gehst durch altgewohnte Gassen.
Da kommt aus dunklem Hinterhalt
Ein Mann wie aus den Wolken –
„Sie werden", sagt die Staatsgewalt,
„Mit dem Paket mir folgen!"

Du willst zu deiner Liebsten gehn,
Zu Lieselotte Schrade,
Du machst ein Päckchen wunderschön;
Drin hast du Schokolade.
Du strebst zum Schatz mit langem Schritt,
Freust dich im voraus mächtig –
Da schreit ein Mann: „Sie kommen mit!
Das Päckchen ist verdächtig."

Zur Schule geht vergnügt ein Kind,
Den Ranzen auf dem Rücken;
Doch um die Ecke schießt geschwind,
So wie ein schneller, scharfer Wind,
Ein Mann mit bösen Blicken.
Er arretiert den kleinen Feind.
Der denkt sich: Kann der fluchen –
Doch wenn er Vaters Flugblatt meint,
Da kann er lange suchen.

In den Lagern von Frankreich

Anfang 1939 wurde das erste größere Lager Argelès-sur-Mer errichtet. Unter den rund 60 000 Internierten, zumeist spanische Flüchtlinge, waren etwa 3 000 Deutsche und Österreicher, die in den Internationalen Brigaden gegen das Franco-Regime in Spanien gekämpft hatten. Allein in der Nacht zum 1. September 1939 wurden in Paris über 100 deutsche Emigranten, die in verschiedenen Komitees tätig waren, festgenommen und im Gefängnis La Santé eingekerkert. Über 60 Frauen wurden in der folgenden Nacht ins Gefängnis La Petite Roquette gebracht. Zugleich verkündete die Regierung die Internierungspflicht für alle Deutschen und anderen Ausländer im Alter von 17 bis 65 Jahren. Zuvor hatte man schon die führenden Funktionäre der KPD und andere prominente politische Emigranten verhaftet. Alfred Döblin schrieb später: „So begann in Frankreich ... der Krieg gegen den Hitlerfaschismus als ein Krieg gegen Antifaschisten."

Im Lager Gurs, etwa zur gleichen Zeit wie Argelès entstanden, befanden sich unter den 4 500 Spanienkämpfern 584 Deutsche, die aus Argelès und Saint-Cyprien hierher verlegt worden waren, darunter auch der proletarische Sänger und Interbrigadist Ernst Busch. In den dünnwandigen Baracken von Gurs, durch die der eisige Pyrenäenwind pfiff, gab es anfangs weder Sitzgelegenheiten noch Eßgeschirr, weder zusätzliche Kleidung noch Decken wurden zur Verfügung gestellt. Zwei Quadratmeter Raum für einen Inhaftierten. An den zwei hölzernen Waschanlagen lief nur dreimal täglich für zwei Stunden Wasser, und es gab kaum eine Gelegenheit zum Waschen der Wäsche. Louis Aragon, der große französische Schriftsteller schrieb:

„Gurs, eine seltsame Silbe – wie ein Schluchzen, das in der Kehle steckenbleibt."

In Saint-Cyprien, der „Hölle von Perpignan", waren vor allem Emigranten untergebracht, die die belgische Regierung nach Frankreich hatte transportieren lassen. Darunter befanden sich 1940 rund 2 600 Deutsche. Die Lager Les Milles und Sept-Fonds hatten einen ähnlichen Charakter, während Rieucros als Straflager vor allem für die Unterbringung politischer Emigranten aus vielen Ländern bestimmt war. In Le Vernet, wo etwa 4 000 Menschen aus über 50 Ländern inhaftiert waren, wurde eine besonders strenge Bewachung angeordnet. Nicht weniger hart war das Schicksal jener Internierten, die von den französischen Behörden vor allem im Jahr 1941 nach Afrika in die Saharalager – Boughari, Bou-Afra, Djelfa und andere Lager – transportiert worden waren. In Djelfa (Algerien) waren über 1 000 Häftlinge untergebracht. Die Lebensbedingungen in den Lagern verschlechterten sich im Laufe des Krieges immer mehr. Die Essenrationen bestanden zum Teil aus nur zweimal einem Viertelliter dünner Suppe täglich. In verschiedenen Lagern, besonders in Gurs, waren deshalb selbstgebildete Organisationen darauf bedacht, eine praktische und kulturelle Betätigung aller Lagerinsassen zu organisieren. In Le Vernet, so berichtete der dort inhaftierte Schriftsteller Friedrich Wolf, nahmen rund 320 Internierte an Sprachzirkeln, Bildungs- oder Kulturgruppen teil. Es gab einen Chor, eine Musikkapelle und Theatergruppe und auch ein Kabarett. Die Emigranten in den Internierungslagern kamen in der Regel nur frei, wenn sie ein Visum für einen Staat in Übersee hatten. Nach der Okkupation 1940 kämmte eine Gestapokommission, getarnt als Mitarbeiter des Roten Kreuzes, zuerst Le Vernet, dann die anderen Lager durch und stellte Auslieferungslisten zusammen. Bereitwillig lieferte die französische Pétain-Regierung, entsprechend Artikel 19 des Waffenstillstands-Vertrages vom 25. Juni 1940, in dem die Auslieferung auf Verlangen festgeschrieben wurde, die von der Gestapo angeforderten deutschen Antifaschisten aus. Für viele von ihnen sollte es den sicheren Tod im Konzentrationslager bedeuten. In einem Verzeichnis von rund 700 deutschen und österreichischen Häftlingen in Le Vernet steht hinter etwa 270 Namen als Grund des „Abganges" aus dem Lager: „nach Deutschland".

In primitiven Holzbaracken, bei Hungerrationen, bedroht von Krankheiten und Seuchen, rief der Kabarettist Peter Pan, der schon vor 1933 im „Küka", bei den „Wespen" und in anderen Berliner Kabaretts aufgetreten war, mit Gleichgesinnten in den Lagern Villemalard, Marolles und Cépoy unter improvisierten Verhältnissen Theater- und Kabarettveranstaltungen ins Leben. Zu regelmäßigen Kabarettvorstellungen kam es erst 1940 bis 1942 im Lager von Gurs. Hier inszenierten die Emigranten – begünstigt von einem Teil der französischen Wachmannschaft, die insgeheim mit der französischen Widerstandsbewegung sympathisierte – für die 12 000 Internierten politisch-satirische Zeitrevuen. Es begann 1940 mit der Revue „Radio Polyglotte", in der es ein Duett gab, dessen Verse jeweils dem aktuellen Anlaß gemäß verändert wurden. Darin traten Herr Krause – der politisch bewußte Kumpel – und Herr Cohn – der meist kleinbürgerlich engstirnige Wirtschaftsemigrant – auf und sangen Verse im Stil von „Fröhlich und Schön", einem Komiker-Duo, das Anfang der zwanziger Jahre von Karl Farkas und Fritz Grünbaum erfunden worden war. Im gleichen Jahr folgten die Programme „Der große Ausverkauf" und „Schmocks höhnende Wochen-

Camp de Gurs, Frankreich
Zeichnung: Kurt Loew

schau". 1941 hießen die Programmtitel „Folies (Hé)Bergères", „Unter uns gesagt" und „Höchste Eisenbahn", und 1942 folgte noch „Zwischen Himmel und Hölle". Peter Pan schrieb die Texte, und die Musik komponierte Charles Leval, der auch am Klavier begleitete. In der Revue „Schmocks höhnende Wochenschau" wurde auf der Bühne eine „wissenschaftliche" Kommission gezeigt, die eine „rassische Säuberung" des Zoo vornahm. Guy Walter sang das Lied, in dem fast alle Tiere ihrem Richterspruch verfielen. Ludwig Turek, der mit Peter Pan einige Zeit in verschiedenen Lagern interniert war, berichtet: „Was für den Seemann ein Leuchtturm bedeutet im tosenden Meer, zwischen Klippen und Riffen, über Nebelschwaden und Untiefen, das war für uns politische Gefangene in den Lagern Frankreichs Peter Pan. Um ihn sammelten sich allenthalben zum Spiel Begabte. Er hielt sie zusammen, leitete sie an, und es wurde immer eine Art Bühne daraus – niemals ein Forum für leichtfertiges, unwichtiges Zeug. Was gespielt wurde, war immer mitten in die Zeit gestellt, hatte Sinn und Form und zog das Zeitgeschehen durch das Stacheldrahtgestrüpp zu uns ins Lager. Dort wurde es gewogen und fand seine Abschätzung, legte neue Hoffnungen in die gequälten Kumpel und rief sie zum Widerstand gegen Faschisten und Kriegsabenteurer, glossierte aber auch die Schinder und Kompromißler im eigenen Lager. Stoff dazu gab es überreichlich, und Peter Pan interpretierte nicht nur, er schrieb sich auch einen großen Teil der Programme selbst.

1942, als sich die ersten Niederlagen der deutschen Wehrmacht abzeichneten, spielte die Peter-Pan-Truppe ihr letztes Programm „Zwischen Himmel und Hölle", das von der Lagerleitung nach der dritten Vorstellung als „zu gewagt" verboten wurde. In „Walkürens Schwanengesang" war zu hören:

Grimme Germanen grabschen die Güter,
Steuer und Scheuer, alles steht schief.
Hunger und Hader hetzen die Hüter
Panischer Pleite tiefer und tief.
Es brandelt und brodelt von hinten und
    vorne,
Die Zügel zerreißen im Zuge der Zeit.
Schon wiegen und weben die nächtlichen
    Nornen
Zum Leichenbegräbnis dem Hagen das
    Kleid.
Ihr Götter, es dämmert Walhalls
    Tyrannei:
Wotan ahoi! Wotan ahoi!

Als im Herbst 1942 die faschistische Vernichtungswelle auch das Camp de Gurs erreichte, wurde bei der Aktion „Nacht und Nebel" der größte Teil der Internierten in deutsche Konzentrationslager verschleppt. Peter Pan gelang die Flucht

nach Spanien. Von 1957 bis zu seinem Tode im Jahre 1976 wirkte er als Kabarettist in der DDR.

Welche Aufgabe es für sie, die Kabarettisten, die da auf den Lagerbrettern standen, bedeutete, brachte Heini Walfisch mit einem Gedicht zum Ausdruck, das er dem Lagergenossen Ernst Busch widmete:

Wir haben in Gurs Theater gespielt –
Wenn ihr wißt, was das heißt ...
Die Welt lag hinter dem
    Stacheldrahtzaun,
Wir waren achttausend Männer und
    Fraun,
Arm und „entgleist".

Wir haben im tiefsten Elend gelebt,
Verlassen, verwaist.
In trostlosen Holzbaracken gehaust,
Über uns war der Krieg hinweggebraust,
Wenn ihr wißt, was das heißt!

Wir zauberten eine bunte Welt,
Aus Fetzen zumeist –
Wir haben gezimmert und nächtelang
    spät
Mit eisklammen Fingern Kostüme genäht
Ihr wißt nicht, was das heißt!

Wir haben in eiskalten Nächten geprobt,
Halb verhungert zumeist –
Wir haben getanzt und gesungen, geweint und gelacht
Und Tausenden Lebensmut gebracht:
Ihr wißt nicht, was das heißt!

Wir haben die Hungernden aufgewühlt
In Seele und Geist –
Haben selbst alle Schmerzen der
    Menschheit gefühlt,
Aber: Wir haben Theater gespielt!
Denkt mal nach – was das heißt ...

Herr Krause und Herr Cohn

Text: Peter Pan
Musik: Charles Leval
Lager Gurs, Frankreich
Revue 1940 „Radio Polyglotte"

Camp de Gurs, Frankreich
1949 Charles Leval (links) und Peter Pan

„Guten Tag, Herr Krause!"
„Guten Tag, Herr Cohn!"
„Na, wie geht's zu Hause?"
„Danke, macht sich schon."
„Wieder mal im Lager?"
„Leider, cher ami!"
„Sie sind aber mager."
„Wirklich? C'est la vie!"
„Na, was sagt man draußen?"
„Danke, alles flucht."
„Brauner Druck von außen."
„Eine schöne Zucht!"
„Lesen Sie noch Zeitung?"
„Mit dem Hintern, schon!"
„Wiedersehn, Herr Krause!"
„Wiedersehn, Herr Cohn!"

„Guten Tag, Herr Krause!"
„Guten Tag, Herr Cohn!"
„Komme von der Jause."
„Na, was gibt's da schon?"
„Sehn Sie den Artikel?
Wieder ein Gesetz!"
„Arbeitsdienst für Fremde!
Das gibt eine Hetz!"
„Kann man da nichts finden?"
„Hat wohl nicht viel Sinn."
„Könnt man nicht verschwinden?"
„Fragt sich bloß: wohin?!"
„Eingesperrt im Lager
und noch – pestation!
Wiedersehn, Herr Krause!"
„Wiedersehn, Herr Cohn!"

„Guten Tag, Herr Krause!"
„Guten Tag, Herr Cohn!"
„Hörn Sie das Gesause?"
„Flieger, höre schon."
„Frankreich geht in Trümmern,
Japan droht der Krieg!

Es wird immer schlimmer."
„Militärmusik!..."
„London steht in Flammen,
Bomben auf Berlin
bricht das mal zusammen,
guck' ich gar nicht hin!"
„Jetzt gibt's kalte Brause
in der – wissen schon!"
„Wiedersehn, Herr Krause!"
„Wiedersehn, Herr Cohn!"

„Guten Tag, Herr Krause!"
„Guten Tag, Herr Cohn!"
„Briefe von zu Hause?"
„Ja, von meinem Sohn.
Er schreibt: Lieber Papa,
wann kommst du zurück?
Hier wird's immer knapper..."
„Kenne die Musik!
Meine Frau schreibt ähnlich.
Das ist ein Malheur!..."
„Aber ich persönlich..."
„Rief nicht eben wer?"
„Wir komm' erst nach Hause
nach der – komme schon!"
„Wiedersehn, Herr Krause!"
„Wiedersehn, Herr Cohn!"

(Die fehlenden Worte der letzten beiden Strophen
übersetzte sich das Publikum mit „Sowjetunion" und
„Revolution". Auf das bloße Aussprechen dieser
Worte standen Strafen.)

Säuberung im Zoo

Text: Peter Pan
Musik: Charles Leval
Lager Gurs, Frankreich
Revue „Schmocks höhnende Wochenschau"
1940 vorgetragen von Guy Walter

Wir sind die neuste Kommission.
Sie wissen schon, Sie wissen schon.
Wir säubern frisch und froh
Den Zoo, den Zoo, den Zoo.
Die Menschen sind schon eingeteilt,
Jetzt hat's die Viecher auch ereilt.
Wer jüdisch hier sieht aus,
Muß raus, muß raus, muß raus.
Vom Rindvieh bis zum wilden Schwein,
Der ganze Zoo muß arisch sein.
Es braust in jedem Stall
Ein Ruf wie Donnerhall:

Alle Tiere, groß und klein,
Nase raus, Schwanz herein!
Unser Zoo wird stubenrein.
Sie werden sehn,
Das wird so schön,
Da staunt sogar der Papa Brehm!

Den Papagei und das Kamel
Betrachten wir schon lange scheel.
Beim ersten Blick man sieht:
Semit, Semit, Semit!
Beim Nashorn und beim Elefant
Wird an der Nase gleich erkannt
Was sich dahinter tut:
Ein Jud, ein Jud, ein Jud!
Das Eichhorn und das Känguruh,
Die mauscheln auch nur immerzu
Und fuchteln mit die Händ,
Gottlob, das hat ein End!

(Refrain:)
Alle Tiere, groß und klein...

Die Bären haben platte Füß,
Das Dromedar ist obermies,
Beim Nilpferd wird mir kalt:
Gewalt! Gewalt! Gewalt!
Beim Löwen sieht ein jedes Kind,
Daß seine Mähne Löckchen sind,
Die Ziege meckert keck:
Hinweg! Hinweg! Hinweg!
Der Karpfen murmelt glückserfüllt,
Daß man ihn nicht mehr koscher füllt.
Da sagt zu ihm der Barsch:
Mich könn' sie mal am...

(Refrain:)
Alle Tiere, groß und klein...

So komm' wir langsam auf den Grund,
Und übrig bleibt der Schweinehund
Hyäne und Schakal.
Egal, egal, egal!
Die Affen grinsen schadenfroh,
Das Rindvieh freut sich ebenso,
Die Esel schrein hurra!
Iah, iah, iah!
Der Wiedehopf stinkt weiter fort,
Der Hamster schleppt die Beute fort,
Der Pleitegeier krächzt:
Wir sind und bleiben rechts!

(Refrain:)
Alle Tiere, groß und klein...

Camp de Gurs, Frankreich
1940 Revue: „Schmocks höhnende Wochenschau"
Szene: „Säuberung im Zoo"
von Peter Pan (Text) und Charles Leval (Musik)

Mars

Text: Peter Pan
Musik: Charles Leval
Lager Gurs, Frankreich
Revue 1942 „Zwischen Himmel und Hölle"

Schneng ratatata, mit Eichenlaub und Bomben
Naht, ratatata, der Herr der Hekatombem.
Mit Schwertgeklirr und Wogenprall erfahr's:
Widirumbum, widirumbum,
Am Mars, am Mars, am Mars.

Ich bin der Gott der großen Syndikate.
Sind die bankrott, dann ziehn sie mich zu Rate
Pour le profit des Vaterland-Altars.
Widiwumbumbum, widiwumbumbum,
Am Mars, am Mars, am Mars.

Ran an den Feind mit Bomben und Granaten,
Mit uns vereint das Heer der Diplomaten.
Sie heben frech den Rockschoß des Talars,
Widiwumbum, widiwumbum,
Am Mars, am Mars, am Mars.

Wie lange noch läßt sich das Menschlein treten!
Mal schreit er doch mit Pauken und Trompeten:
Wir waren blind, jetzt stechen wir die Stars.
Widiwumbumbum, widiwumbumbum,
So leckt uns doch am Mars.

Exil in England

Unmittelbar nach der Machtergreifung durch die Nazis wurde für viele deutsche Emigranten auch Großbritannien zur Zufluchtsstätte. Von Jahr zu Jahr wuchs die Zahl, und am 14. Dezember 1938 teilte Lord Plymouth, Unterstaatssekretär für Auswärtige Angelegenheiten im Oberhaus mit, daß die britische Regierung bis zu diesem Zeitpunkt 11 000 Flüchtlingen Asyl gewährt habe. In den folgenden Monaten – nach der Besetzung Österreichs und der Tschechoslowakei sowie den Jundenprogromen vom November 1938 – wuchs die Zahl der deutschen und österreichischen Emigranten sprunghaft auf etwa 70 000 an. Bedingt durch die Insellage Großbritanniens war eine illegale Einreise wie etwa in die Schweiz oder nach Frankreich ausgeschlossen. Die Geschichte der britischen Asylpolitik ist widersprüchlich, weil sie im wesentlichen durch die Appeasement-(Beschwichtigungs)-Politik der englischen Regierung gegenüber dem nationalsozialistischen Deutschland bestimmt wurde. Aus eben dieser Politik heraus war Großbritannien auch nur zögernd bereit, den vor dem Naziterror Geflüchteten die Einreise zu gewähren. Zu einer ausgedehnten Zulassung von Emigranten kam es erst 1938, nach dem Münchner Abkommen. Die innen- und außenpolitische Situation zwang Großbritannien, die Einlaßbedingungen etwas zu lockern. Viele Emigranten wählten Großbritannien als Asylland deshalb, weil sie im Vergleich zu den USA von dem Geschehen in ihrer ehemaligen Heimat nicht so isoliert waren.

Die Arbeits- und Lebensbedingungen der deutschsprachigen Emigranten waren differenziert, unterschieden sich jedoch im allgemeinen positiv von denen anderer europäischer Länder. So konnte jeder, der hier Asyl fand, im Gegensatz zur Schweiz oder zu Frankreich vor einer persönlichen Auslieferung an das faschistische Deutschland sicher sein. Mit Kriegsbeginn wurden Tribunale eingerichtet, die die Voraussetzungen für die Masseninternierungen im Mai 1940 lieferten. In dieser Frage war es u. a. auch ein Verdienst prominenter britischer Persönlichkeiten, die von der Loyalität der Emigranten gegenüber dem United Kingdom überzeugt waren und den Erfolg der gestarteten Hetzkampagne gegen die Flüchtlinge schnell vereitelten. Nach einem Jahr war der Großteil der internierten Emigranten wieder in Freiheit. Als ein Beleg für die echte Empörung breiter Schichten des britischen Volkes gegen das nationalsozialistische Regime in Deutschland können auch die zahlreichen privaten und halboffiziellen Hilfsorganisationen dienen, die entstanden, um den Flüchtlingen bei ihrer Einreise zu helfen. Da London oftmals Durchgangsstelle für Tausende Emigranten war, wirkte sich die Weiterreise in andere Exilländer ungünstig auf die künstlerische Arbeit der entstandenen Exilbühnen aus. Allein zwischen September 1939 und April 1940 verließen etwa 5 000 Emi-

„Wohin?"
1933, London

granten Großbritannien, um teils in den USA, teils im britischen Machtgebiet Palästina Zuflucht zu finden. Ein weiteres Problem der in London entstandenen Exilkabaretts war die Tatsache, daß keiner der Schauspieler seinen Lebensunterhalt aus der Tätigkeit an einer Exilbühne bestreiten konnte und die Schauspieler deshalb gezwungen waren, andere Berufe auszuüben. In Großbritannien lebte im Vergleich zu anderen europäischen Asylländern die größte Anzahl der deutschsprachigen Kunst- und Kulturschaffenden: Nach bisherigen Schätzungen etwa 400. Die Kabarett-Komponisten Mischa Spoliansky und Hans May, der 1923 in Berlin das Kabarett „Gondel" geleitet hatte, waren 1933 gekommen. Aus der Tschechoslowakei hatten sich die zunächst dorthin geflüchteten Schauspieler Erich Freund und Paul Lewitt, die Kabarettistin Annemarie Hase, die Schriftsteller Kurt Barthel (Kuba), Jan Koplowitz und Max Zimmering sowie der Fotomonteur John Heartfield nach dem März 1939 nach London gerettet. Mit ihnen und vielen anderen Künstlern wurde der bereits im Dezember 1938 gegründete „Freie Deutsche Kulturbund" (FDKB) in den sieben Jahren seines Wirkens zur wichtigsten kulturellen Exilvereinigung in London. Der Kulturbund half Schauspielern und Kabarettisten wie Paul Graetz und Lucie Mannheim Engagements an Londoner Bühnen zu bekommen, und er vereinigte in seinen verschiedenen Sektionen alle kulturellen Tätigkeiten während des Exils in London, darunter auch die Arbeit der „Kleinen Bühne", eines 1940 gegründeten Kabaretts. Für die österreichischen Emigranten wurde das im März 1939 gegründete „Austrian Center" (AC) zum zentralen Treffpunkt. Im Juli 1939 zählte es bereits 1 500 Mitglieder. Ohne diese Organisation hätte die Exilbühne „Laterndl" nicht existieren können, denn abgesehen von finanziellen

Unterstützungen, die das AC der Bühne gewährte, diente es als Sammelpunkt österreichischer Emigranten vor allem als Publikumsorganisation.

Mit den satirischen Revuen dieser und den bunten Programmen anderer Exilbühnen in London wurde das Kabarett zum wichtigen Bestandteil innerhalb der antifaschistischen Agitation. Außerdem konnten die „Schwarzhörer" in Deutschland regelmäßig ab 1938 über BBC (British Broadcasting Corporation) Annemarie Hase als „Frau Wernicke", eine waschechte Berliner „Volksjenossin" hören oder Fritz Wendhausen und Peter Ihle, die ebenfalls nach Texten von Bruno Adler und Norman Cameron als „Kurt und Willi" die Fassade des Nazi-Reiches als Pappmaché entlarvten. In einer anderen Serie nach Texten von Robert Lucas (der eigentlich Robert Ehrenzweig hieß) las Fritz Schrecker als „Adolf Hirnschal" die Briefe an sein vielgeliebtes Weib, die teure Amalia, um sich über die Mühseligkeiten und Katastrophen an der fernen Front und in der deutschen Heimat zu beklagen. (Dieses umfangreiche eigene Kapitel der Mediensatire, wird gesondert in einem Band dargestellt.) Die satirischen Programme der deutschen Abteilung des BBC wurden auch in deutscher Sprache produziert, weil ihre Ausstrahlung über Ländergrenzen hinweg erfolgte, ein Umstand, der sich auf die Bühnenprogramme nicht ohne weiteres übertragen ließ. Deshalb wurden die Programme der Kabaretts für das gemischte Publikum aus Emigranten und Londoner Bürgern auch überwiegend in englischer Sprache gespielt. Die Eingewöhnung in die fremde Sprache bereitete auch den Schriftstellern große Probleme. Der österreichische Lyriker Theodor Kramer hat dies in einigen in London verfaßten Gedichten ebenso beklagt wie Max Herrmann-Neiße, der über Paris nach London geflüchtet war und dort am 8. April

1941 starb. Doch schon viel früher hatte
er sein lyrisches Testament verfaßt:

Ein deutscher Dichter bin ich einst
      gewesen,
Die Heimat klang in meiner Melodie,
Ihr Leben war in meinem Lied zu lesen,
Das mit ihr welkte und mit ihr gedieh.

Die Heimat hat mir Treue nicht
      gehalten,
Sie gab sich ganz den bösen Trieben hin,
So kann ich nur ihr Traumbild noch
      gestalten,
Der ich ihr trotzdem treu geblieben bin.

In fremder Ferne mal' ich ihre Züge
Zärtlich gedenkend mir mit Worten nah,
Die Abendgiebel und die Schwalbenflüge
Und alles Glück, das einst mir doch
      geschah.

Doch hier wird niemand meine Verse
      lesen,
Ist nichts, was meiner Seele Sprache
      spricht;
Ein deutscher Dichter bin ich einst
      gewesen,
Jetzt ist mein Leben Spuk wie mein
      Gedicht.

Max Herrmann-Neiße
Zeichnung: Isidor Aschheim

24 Schwarze Schafe

„24 Schwarze Schafe", London
Zeichnung: Wolpe-Wooping, 1939

FREIER DEUTSCHER
KULTURBUND
IN ENGLAND
FREE GERMAN LEAGUE
OF CULTURE

PRESENTS:

4+20
black
sheep

AT THE
ARTS THEATRE
7, Great Newport Street,
W. C. 2
IN THEIR FIRST SHOW

GOING
GOING —
GONG!

FROM FRIDAY 21st JULY
FOR ONE WEEK ONLY
AT 8.30 P.M.
MATINEES ON
SATURDAY 22nd JULY
AND
SUNDAY 23rd JULY
AT 3.30 P.M

„24 Schwarze Schafe", London
1939, Programmheft 1. Revue:
„Going, Going – Gong!"

Die eigentliche Theaterarbeit des „Freien
Deutschen Kulturbundes" (FDKB) begann innerhalb der Sektion der Schauspieler mit der Gründung des Kabaretts
„4 & 20 black sheeps" („24 Schwarze
Schafe"), das im Juli 1939 die Kabarett-
revue „Going, Going – Gong!" auf die
Bühne des „Arts Theatre" im Londoner
Westend gebracht hatte. Die Zahl 24 war
reichlich untertrieben, denn an der poli-
tisch-satirischen Revue beteiligten sich
mindestens vierzig „schwarze Schafe",
unter ihnen Annemarie Hase, Charlotte
Küter, Betty Loewen, Mowgli Sussmann
(Litten), Erich Freund, Paul Lewitt,
Friedrich Richter, Paul Demel, Felix
Knüpfer, Eddie Regon und Agnes Ber-
nell, die Tochter des ebenfalls emigrier-
ten ehemaligen Kabarettisten der „Bösen
Buben" (1901) Rudolf Bernauer. Die
Leitung hatte der Berliner Zeichner Wol-
pe-Wooping, der zusammen mit Fritz
Gottfurcht, Egon Larsen, Anna Maria
Jockl, dem Prager Schriftsteller, Drama-
turg und Karl-Kraus-Nachlaßverwalter
Heinrich Fischer und dem „Dada-Mon-
teur" John Heartfield auch die Texte
schrieb. Die Musik dazu komponierten
Ernst Hermann Meyer und Fred Man-
feld. Als Bühnenbildner war neben Erich
E. Stern auch John Heartfield beteiligt.
Zum Repertoire gehörten zudem Texte
von Brecht („Ballade von der Judenhure
Maria Sanders"), Walter Mehring und
Ringelnatz.
Das Programm wurde halb deutsch und
halb englisch aufgeführt nach der Devise:
„We play English – jeder Deutsche ver-
steht uns. Wir spielen in Deutsch – but
every Englishman understands." Haupt-
themen bildeten die Verhältnisse in Nazi-Deutschland und die Probleme der
Emigration. Mowgli Litten (Sussmann)
stellte im „Warum-Song" Fragen nach

der oft unbegreiflichen Beschaffenheit der Welt, und Andersens Märchen „Des Königs neue Kleider" wurde benutzt, um auf die betrügerische Volksverdummung der Nazis hinzuweisen. Während der Text verlesen wurde, agierten Friedrich Richter und Paul Demel in den Masken Hitlers und Mussolinis als Betrüger. Haartolle und Bartbürste des „Führers" mußten allerdings – noch wenige Wochen vor Kriegsausbruch! – auf Verlangen englischer Behörden, die diplomatische Schwierigkeiten mit Nazi-Deutschland befürchteten, wieder fallen. In der Szene „Guns for butter" (Kanonen statt Butter) – inspiriert durch eine Fotomontage von John Heartfield – verzehrte eine deutsche Familie ein Fahrrad zum Abendessen, frei nach der Devise von Reichsmarschall Hermann Göring: „Erz hat stets ein Reich stark gemacht, Butter und Schmalz haben höchstens ein Volk fett gemacht." Annemarie Hase deutete als aktualisierte Kartenhexe mit dem Chanson „Die Hellseherin" die Zukunft. Die Exil-Kabarettisten mußten sich auch in England einer nur ihrem engeren Publikum verständlichen Tarnsprache bedienen, um den britischen Behörden keinen Anlaß zu bieten, amtlichen deutschen Einflüsterungen folgend Verbote auszusprechen.

Die Revue der „24 Schwarzen Schafe" lief erfolgreich und erntete lobende Zustimmung in der englischen Presse, endete aber – weil in zu großem Rahmen aufgezogen – mit einem finanziellen Defizit. Die Kabarettisten ließen sich dennoch nicht entmutigen und eröffneten im Londoner Stadtteil Hampstead im März 1940 die „Kleine Bühne".

„24 Schwarze Schafe", London
Zeichnung: Wolpe-Wooping, 1939

„24 Schwarze Schafe", London
1939 1. Revue: „Going, Going – Gong!"
Szene: „Des Kaisers neue Kleider"
v. l. Friedrich Richter (als Führer) und Paul Demel (als Duce)

Der Warum-Song

Text: Egon Larsen
Musik: Fred Manfeld
„24 Schwarze Schafe", London
Revue „Going, Going – Gong"
1939 vorgetragen von Mowgli Sussmann (Litten)

In meiner Klasse war ich Erste
Und dachte, ich sei fein heraus:
Wenn ich vor lauter Wissen berste,
Dann kenn' ich auf der Welt mich aus!

Doch ich studiere ganz vergebens
Den sogenannten Sinn des Lebens;
So viele Fragen tauchen auf
Und ich weiß keine Antwort drauf:

Warum ist alles, was man gerne tut, verboten?
Mit welchem Bein steht so ein Tausendfüßler auf?
Wo bleiben, wenn ein Schiff mal hält, die vielen Knoten?
Wer schließt beim Fußballmatch die Tore zu und auf?

Warum nur kriegen Neger keine Sommersprossen?
Wer wohl „Zitronenfalter" als Beruf ersann?
Warum hält man beim Kuß die Augen stets geschlossen?
Ich bin so dumm, daß ich das nicht kapieren kann!

Es ist so viel mit uns geschehen,
Die Welt benimmt sich so verrückt –
Ich kann sie einfach nicht verstehen
Und bin darüber sehr bedrückt.

In allen Sprachen möcht ich fragen –
Kann keiner mir die Antwort sagen?
Ach helft mir doch – ich bin so dumm:
Why is that so? Pourquoi? Warum? –:

Warum hat einer alles und der andre gar nichts?
Das ist doch auf der Welt nicht gut organisiert!
Die einen schuften – andre tun das ganze Jahr nichts;
der eine hat es warm, der andre aber friert.

Ich weiß, man sperrt die Menschen ein in manchen Ländern,
Weil man ihr ewiges Fragen nicht ertragen kann.
Warum nur kann man alles das nicht schleunigst ändern?
Ich bin so dumm, daß ich das nicht kapieren kann!

Die Hellseherin

Text: Egon Larsen
Musik:« Fred Manfeld
„24 Schwarze Schafe", London
Revue „Going, Going – Gong"
1939 vorgetragen von Annemarie Hase

Ich les' im Kaffeesatz wie'n andrer in der Zeitung.
Die Karten sind für mich ein off'nes Buch.
Von jedem Stern kenn ich die heimliche Bedeutung –
Sie glauben's nicht? Na, machen wir'n Versuch:

Was Sie deckt – ist ein junger Mann;
Was Sie schreckt – ist ein Brief,
Über'n kurzen Weg in der Abendstund'
Da geht Ihnen alles schief.

Ich seh' ja ganz genau, wie's kommen muß:
Ich seh' die Scheidung schon beim ersten Kuß;
Im nächsten Jahr, da kriegen Sie'n Furunkel...
Ich sehe hell – und deshalb seh' ich dunkel.

Die Karten lügen nicht – da hab' ich die Beweise:
Vor ein paar Jahren sagt' ich mir voraus,
Ein dunkler Herr mit Schnurrbart und 'ne große Reise...
Dann kam der Dunkle – und ich mußte 'raus.

Was mir ins Haus steht: kein Affidavit;
Was mir bestimmt ist: ein abgelauf'ner Paß.
Nur auf das kleine und das große Geld,
Da ist absolut kein Verlaß.

Ich seh' ja ganz genau, wie's kommen muß.
Pik acht heißt: mit dem Komitee Verdruß.
Herz neun: in England bleibt man eine Spinster...
Ich sehe hell – und deshalb seh' ich finster.

Es ist kein großes Kunststück, heut' zu prophezeien –
Was morgen sein wird, weiß ich ja schon längst:
Der dunkle Herr beginnt dich wieder anzuschreien;
Er bringt dich um, wenn du ihm nicht was schenkst.

Doch da weißt du, es ist alles Bluff,
Was ihn deckt und was ihm zur Seite steht.
Das weißt du auch ohne Kaffeesatz,
Was ihm bestimmt ist und was ihm nicht entgeht.

„Kleine Bühne", London
1939 Ensemble: Leo Bieber, Paul Hartmuth, Annemarie Hase, Gerhard Hinze, Gisa Liedtke, Heinz
W. Litten, Betty Loewen, Erna Lorenz, Li Nolden,
Mowgli Sussmann, Gerald Wolf

Du siehst ja ganz genau, was kommen wird:
Der Tag, an dem er sich mal gründlich irrt.
Dann mach' ich mein Geschäft zu auf der Stelle,
Denn dann seh'n wir ja endlich alle helle!

Kleine Bühne

Zum Jahreswechsel 1939/40 bezog der „Freie Deutsche Kulturbund" ein eigenes Haus in Hampstead in der Upper Park Road 36a und eröffnete hier am 24. März 1940 die „Kleine Bühne" (The Little Theatre) mit den Einaktern „Der Dreihundert-Schilling-Blick" und „Mein lieber Sohn" von James Matthew Barrie (1860–1937). Die Übersetzung und Bühnenbearbeitung besorgte Fritz Gottfurcht, Regie führte Josef Almas, das Bühnenbild schuf wieder John Heartfield. Das Ensemble unter Leitung von Fritz Gottfurcht, Erich Freund und Annemarie Hase bestand überwiegend aus Schauspielern, die schon im Kabarett „24 Schwarze Schafe" mitgewirkt hatten. Sie spielten auf Beteiligung, oft aber deckte der Anteil kaum die Fahrtspesen, außerdem gehörten zum Auftreten dazu: Umbau-, Kostümnäh- und Adressenschreibverpflichtung, obwohl die Mitwirkenden am Tage den verschiedensten Tätigkeiten nachgingen, um ihren Lebensunterhalt zu verdienen. Egon Larsen schreibt: „Es gehörte ein gutes Teil Kunstbegeisterung dazu, nach einem Tag in einer kalten Fabrik, einem ungeheizten Zimmer ... durch die verdunkelten, feuchten, nebligen Straßen Hampsteads zu eilen, um rechtzeitig in der primitiven, bis auf den letzten Winkel überfüllten Schauspielergarderobe einzutreffen. Aber es ist nicht zuviel gesagt, wenn man rückschauend behauptet, daß dieser Westentaschen-Theaterbetrieb für manchen unserer Freunde in jenem endlosen Kriegswinter der eigentliche Lebensinhalt war."
Auf dem „Nudelbrett" (sechs Quadratmeter!) der „Kleinen Bühne" wurden in der Folgezeit unter anderem Stücke und Szenen von Tschechow, Brecht („Die Gewehre der Frau Carrar"), Wedekind, Aristophanes und Shakespeare gespielt

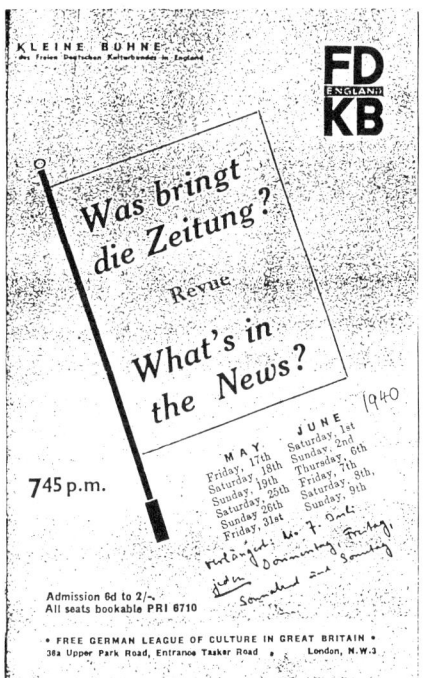

„Kleine Bühne", London
1940, Programmheft

(Bühnenmusiken schrieben u. a. André Asriel und Allan Gray). 1941 gelangten hier unter Leitung von Fritz Berend sogar zwei kleine Opern zur Aufführung: „Bastien und Bastienne" von Mozart und „La serva padrona" von Pergolesi. Zum zehnten Jahrestag der Bücherverbrennung auf dem Opernplatz in Berlin spielte das Ensemble 1943 im Londoner Scala Theatre Szenen aus Johannes R. Bechers „Schlacht um Moskau" und las aus den Werken der „verbannten und verbrannten" Autoren. Daneben besaßen die politisch-satirischen Kabarett-Revuen einen großen Anteil am Spielplan. Im Mai 1940 nach dem Beginn der Internierungswelle kam die erste Revue „Was bringt die Zeitung?" heraus. Es folgten 1942 „In den Sternen steht's geschrieben", „In Hampstead Heath ist Holzauktion", „Die Bäu-

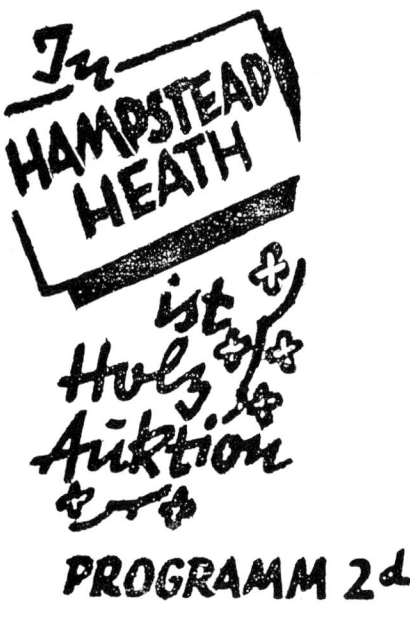

PROGRAMM 2ᵈ

„Kleine Bühne", London
1943 3. Revue: „In Hampsteadt Heath ist Holzauktion" Programmheft

„Kleine Bühne", London
1940 1. Revue „Was bringt die Zeitung?"
Szene: „To Love or to Hate"
v. l. Erich Freund, Agnes Bernell, Annemarie Hase

me schlagen aus oder Ewig Dein"
(„Pfingstrevue. Ein Traum von Mai und
Liebe, hochdramatisch. Für geistig
Hochstehende ungeeignet. Unverant-
wortlich zusammengestellt von John
Heartfield, Max Zimmering und Erich
Freund", nach Texten von Friederike
Kempner, Natalie von Eschstruth, Richard Zoozmann u. a. m.). Ein besonde-
rer Erfolg war die vom November 1942
bis Juli 1943 gespielte Revue „Mr. Gulliver Goes to School". Gulliver, der Held
aus Jonathan Swifts berühmter Satire, gelangte hier auf seinen Reisen auch in die
Zukunft, ins Jahr 1942, geriet in
Deutschland in Kollision mit den Nazis,
konnte fliehen und lernte in England die
Emigranten kennen und schätzen, wenn
er auch ihre schaurige englische Ausspra-
che ertragen mußte. Die Verständigung
der Emigranten in englischer Sprache
wurde schon in der ersten Revue thema-
tisiert. Annemarie Hase und Betty Loewen mußten in einer Szene einen Brief in
englischer Sprache an ihre Hauswirtin
aufsetzen und darin hieß es in echtestem
„Emigranto":
Expensive Landlady! There is a terrible
train in my room, and if I can't get an-
other ceiling I must undress.
Yours surrendered
XYZ
Teuere (expensive = teuer, im Sinne von
kostspielig) Frau Wirtin! In meinem
Zimmer ist ein schrecklicher Zug (train
= Zug, im Sinne von Eisenbahnzug),
und falls ich nicht eine weitere Decke
(ceiling = Decke, im Sinne von Zimmer-
decke) erhalten kann, muß ich ausziehen
(undress = ausziehen, im Sinne von ent-
kleiden).
Ihre ergebene (surrendered = ergebene,
im Sinne von kapituliert habende)
   XYZ

Das Publikum in der „Kleinen Bühne"
selbst oft noch mit der englischen Spra-

„Kleine Bühne", London
1942 2. Revue: „In den Sternen stets geschrieben"
Szene: „Café Continental"
v. l. Eddie Regon, Agnes Bernell, Lilly Rohne,
Annemarie Hase, Erich Freund, Paul Lewitt

„Kleine Bühne", London
1943 6. Revue: „My Goodness – My Alibi"
Szene: „Brain-Trust"
v. l. Ewald Renk, Erich Freund, Molly Orgeyne,
Wilhelm Bruckner

Mr. Gulliver

Goes to School

„Kleine Bühne", London
1942 5. Revue: „Mr. Gulliver Goes to School"
Programmheft

che kämpfend, beherrschte sie selbstverständlich gut genug, um an der falschen Anwendung der nach dem Wörterbuch gewählten Begriffe seinen Spaß zu haben. In den meisten Revuen wurde Altes und Neues in bunter Mischung geboten. Neben Chansons und Szenen aus dem satirischen Repertoire der Zeit vor 1933 (Kurt Tucholsky, Friedrich Hollaender, Marcellus Schiffer, Erich Weinert) standen Chansons und Szenen, die für die jeweiligen Programme geschrieben und komponiert worden waren.

1943 wurde die „Kleine Bühne" umgebaut und technisch erweitert, zudem kam mit Heinz Wolfgang Litten, der in der englischen Armee gegen die Nazis gekämpft hatte, ein Regisseur zu der Theatertruppe, der Annemarie Hase und Fritz Gottfurcht in der Regie ablösten. Im Dezember 1943 inszenierte Litten zur Wiedereröffnung der „Kleinen Bühne" die Revue „My Goodness, my Alibi". In ihr hielten die Emigranten den Blick auf die Zukunft gerichtet, beispielsweise in dem „Song von der Schwierigkeit des Zusammenlebens" nach einem Text von Fritz Gottfurcht und Egon Larsen und mit der Musik von Ernst Hermann Meyer:

Für uns, die zum Marsch in die Zukunft
    bereit,
Heißt die neue Parole jetzt: Einigkeit!
Die Zeit, die wir früher aufs Streiten
    verschwendet,
Wird bald zum Neuaufbau verwendet.
Dann wird uns keine Arbeit verdrießen,
Denn wir werden gemeinsam die Früchte
    genießen!

In den folgenden Jahren wurden Stücke von J. B. Priestley, Sternheim, Curt Goetz und Oscar Wilde gespielt. Den großen Erfolg brachte die Aufführung von Kleist „Amphitryon". Die Arbeit der „Kleinen Bühne" hatte nicht nur auf die deutschen Emigranten sondern auch auf breite englische Kreise eine große Ausstrahlung. 1946 gab das Ensemble seine letzten Vorstellungen. Der antifaschistische Kampf wurde aber vor allem durch die Kabarett-Revuen gestärkt; Erich Freund berichtete aus der Erinnerung: „Mit diesen Revuen ... hatten wir einen eigenen Stil geschaffen. Wir waren politisch. Wir versuchten aktuell zu sein ... Wir griffen an, wir schlugen schonungslos zu, aber immer kam neben dem blutigen Ernst der Humor zu seinem Recht. Und stets war ... der Blick nach Deutschland gerichtet."

„Kleine Bühne", London
1942 5. Revue: „Mr. Gulliver Goes to School"
Szene: „Utility"
v. l. Ellen Mosner, Annemarie Hase, Agnes Bernell

„Kleine Bühne", London
1942 5. Revue: „Mr. Gulliver Goes to School"
Szene: „German Harvest"
v. l. Charlotte Küter, Mowgli Sussmann, Gerhard Kempinski, Gustav Philip, Ellen Mosner, Ewald Renk

Die Zwanzigjährige

Text: Fritz Gottfurcht, Egon Larsen
Musik: Allan Gray
„Kleine Bühne", London
1. Revue „Was bringt die Zeitung?"
1940 vorgetragen von Agnes Bernell

Je ne connais tout le quartier
Et au Montmartre les cabarets.
Paris est belle quand on est riche.
Mais comme une refugiée – j'm'en fiche.

In Kuba ließ man uns nicht landen.
In Spanien fühlt' ich mich zuhaus.
Mich fischte, als die Mine krachte,
Ein netter Matrose heraus.

Ich kenn' die Welt. Sie läßt mich kalt.
Ich bin schon ganze zwanzig Jahre alt.

Shanghai was raided by the Japs.
I saw our boarding-house collapse.
In Hollywood, without a cent,
I could not even pay the rent.

In Rio ein Herr wollt' mich haben;
Ich glaub', als seine Frau sogar.
Ich dachte an Hans nur in Deutschland
Und ob er auch draußen schon war.

Ich kenn' die Welt. Sie läßt mich kalt.
Ich bin schon ganze zwanzig Jahre alt.

Vom Reisen träumt' ich als Kind,
Von Abenteuern, Seefahrt und Wind.
Jetzt ist's ein Haus, von dem ich oft träum',
Und eine Stadt, sie heißt Daheim.

Ich möcht' sie einmal wiedersehen
Und hör'n, wie man deutsch spricht zuhaus.
Ich könnt' dort die Menschen verstehen,
Ist alles das erst einmal aus.

Ich kenn' die Welt. Sie ist so kalt.
Ich bin schon ganze zwanzig Jahre alt.

Die Lorelei

Text: Egon Larsen
Musik: Allan Gray
„Kleine Bühne", London
1. Revue „Was bringt die Zeitung?"
1940 vorgetragen von Annemarie Hase

„Kleine Bühne", London
1940 1. Revue: „Was bringt die Zeitung?"
Annemarie Hase als Lorelei

Ich weiß nicht, was soll es bedeuten,
Daß ich so traurig bin;
Ich weiß nur: die traurigen Zeiten,
Die gehen mir nicht aus dem Sinn.

Hier sitz' ich seit manchem Jahrhundert
Und hebe den Fremdenverkehr.
Ich kann Ihnen sagen: mich wundert
Allmählich schon gar nichts mehr.

Stets war ich ein Muster an Jugend
Und wurde in Ehren alt;
Ich war für die reifere Jugend
Eine echt deutsche Sagengestalt.

Ich hab' mich gekämmt all die Jahre
Und hielt mich aus allem draus;
Zum Kämmen jedoch braucht man Haare,
Und die fall'n vor Sorgen mir aus.

Man hat mir den Goldkamm genommen –
Er ergriff mich mit wildem Weh;
Dafür hab ich einen bekommen
Aus Ersatz für Papiermaché.

Ein Schiffer hat voller Tücke
Mich anonym denunziert,
Ob auch nichts Verbot'nes dabei;
Die Gestapo konfisziert
Jede nichtarische Melodei.

Das Gauleiteramt hat beschwert sich,
Was ich hier zu suchen hätt' –
Eine deutsche Jungfrau gehört nich'
Auf 'nen Felsen, sondern ins Bett.

Einst hat man von mir gesungen
Im ganzen deutschen Land;
Jetzt heißt es, ich sei entsprungen
Einem Dichter unbekannt.

Man läßt mich nicht kämmen und singen,
Man braucht keine Lorelei –
Ich wollte, die Wellen verschlingen
Die ganze Narretei!

Lied von Finsternis und Licht

Text: Max Zimmering
Musik: Ernst Hermann Meyer
„Kleine Bühne", London
4. Revue 1942 „Die Bäume schlagen aus oder Ewig
Dein"

Prager, löscht die Lichter aus,
Bergt die Feuer tief im Herzen,
Schließt euch ein in euer Haus,
Bergt den Haß und eure Schmerzen –

Bis zum Tage, da Gericht
Die Gequälten halten werden;
Bis der Freiheit reines Licht
Leuchtet überall auf Erden.

In Paris, Lyon und Lille,
Überall in Frankreichs Städten,
Ist verlöscht der Lichter Spiel:
Krieg ist und das Volk in Ketten –

Doch einst hält das Volk Gericht,
Und es wird ein Richten werden;
Bis der Freiheit reines Licht
Leuchtet überall auf Erden.

London, dunkle Riesenstadt,
Stadt der gähnenden Ruinen,
Die den Tod gesehen hat.
Nacht für Nacht ist er erschienen –

Nein, der Feind bezwang dich nicht,
Doch er wird bezwungen werden;
Bis der Freiheit reines Licht
Leuchtet überall auf Erden.

Moskau lag in Dunkelheit,
Vor den Toren die Faschisten;
Doch zum Gegenschlag bereit,
Standen auf die Rotarmisten –

Und schon halten sie Gericht,
Das sie nicht beenden werden,
Bis der Freiheit reines Licht
Leuchtet überall auf Erden.

Deutschland, selbst dein Tag ist Nacht;
Licht – ein Traum vergangner Zeiten,
Und dein Sohn, in Mörders Tracht,
Muß durch Blut und Dunkel schreiten.

Bis dein Volk das Joch zerbricht
Und die Vögte fallen werden.
Bis der Freiheit reines Licht
Leuchtet überall auf Erden.

Schatten hüllt den Erdball ein,
Tief verdunkelt sind die Städte.
Durch die Welt stampft Mörder Kain,
Mit sich tragend Joch und Kette –

Doch es wird ein Strafgericht
Allen, allen Mördern werden,
Bis der Freiheit reines Licht
Leuchtet überall auf Erden.

In Deutschland fehlt eine Scheuerfrau

Text: Rolf Anders
Musik: Allan Gray
„Kleine Bühne", London
5. Revue „Mr. Gulliver Goes to School"
1942 vorgetragen von Annemarie Hase

„Kleine Bühne", London
1942 5. Revue: „Mr. Gulliver Goes to School"
Annemarie Hase als Scheuerfrau

Ja, im Adlon[1] sitzen feine Leute
Und essen fein und trinken fein
    und schlafen fein und schlafen ein.
Wie früher, so ist es auch heute
Die fürchterlich piekfeine Meute.
So zum Beispiel gestern trafen ein:
Direktoren und Kruppzeug aus Essen,
Vier Junker und der Stahlverein;
Die Gauleiter von Franken und Hessen,
Die strauchelten auch herein!
Im Bett wohnen nun Floh und Laus,
Die Wand birgt Wanzen indessen,
Und trotzdem sieht das schäbige Haus
Von draußen noch nebelich aus.
Und so sitzt das Geziefer schon jahrelang
Im Adlon-Hotelbett und im Adlon-Restorang.
Nur die fremden Gäste sind sich nicht im klaren,
Die noch nie so'n Ungeziefer sah'n,
Daß mit uns sie lausig in die Hölle fahren
Auf der braunen Wanzenbahn.

Im Adlon fehlt eine Scheuerfrau
Um gründlich reinzumachen.
Verschanzt und verlaust ist der alte Bau –
Das schafft nicht 'ne einzige Scheuerfrau,
Da braucht man noch andere Sachen.
Man wollte das Übel steuern
Mit Renovieren, Tapezieren, Auflackieren –
    und mit Schmieren.
Doch um das Hotel zu erneuern,
Da müssen ganz andere Leute 'ran,
Da müssen wir alle, Mann für Mann,
Dran scheuern, dran scheuern, dran scheuern.

[1] Adlon, führendes Hotel und Luxusrestaurant in
Berlin.

Ja, in Deutschland herrscht die Herrenrasse;
Sie sagen Ja, Heil Hitler, Ja und niemals Nein.
Noch immer füllt ihnen die Kasse
Mit Arbeit und Opfer die Masse.
Warum soll'n sie beruhigt sein?
Generale und Kruppzeug aus Essen,
Die Junker und der Stahlverein
Sind mit Himmler[2] im Bund und mit Hessen
Und streichern[3] Gewinne ein.
Der Geldsack schreit Heil und singt ein Lied
Der Volksgemeinschaft indessen,
Die einig hinterm Leithammel zieht –
Wenn man's nur von außen sieht:
So marschiert und marschiert man schon jahrelang
Betäubt und verblendet in den großen Untergang.
Viel zu viele Leute sind sich nicht im klaren,
Wohin führt der Rasse-Weltmacht-Wahn:
Daß wir alle, alle in die Hölle fahren
Rasend auf der Nazibahn!

In Deutschland fehlt eine Scheuerfrau,
Um gründlich aufzuräumen.
Verwanzt und verlaust ist das alte Haus;
Die Satten, die sauckerl die Magern aus,
Trotz Volksgemeinschaftsträumen.
Wir opfern mehr als die Steuern
Zum Renovieren, Auflackieren und
    Marschieren zum Krepieren.
Ja, unser Land zu erneuern,
Da müssen ganz andre Leute 'ran
Da müssen wir alle, Mann für Mann,
Dran scheuern, dran scheuern, dran scheuern.

[2] Heinrich Himmler (1900–1945), Reichsführer der
SS und Hauptorganisator der Konzentrationslager.
[3] Anspielung auf Julius Streicher (1884–1946), Gauleiter in Mittelfranken, Herausgeber des antisemiti-
schen Hetzblattes „Der Stürmer".

Die Ballade vom Riesen Koschchei

Text: Rolf Anders
Musik: Allan Gray
„Kleine Bühne", London
5. Revue „Mr. Gulliver Goes to School"
1942 vorgetragen von Charlotte Küter

Sie fanden und banden und schlugen zuschanden
Den Mann, der im Dorfe die Kinder gelehrt.
Der Lehrer hat lautlos die Folter bestanden;
Nicht Schmerzschrei noch Wort hat sein Schinder gehört.
Doch endlich im Sterben, halb Flüstern, halb Schrei,
Da hat er gesprochen – gelächelt dabei:
„Ihr findet die Ruhe, der Kampf ist vorbei,
Wann fangt ihr und tötet den starken Koschchei."

Sie fluchten und suchten nach jenem verruchten,
Der hat Partisanen zum Kampfe geführt,
Der hat in den Dörfern, in Wäldern und Schluchten
Im Volke das Feuer des Kleinkriegs geschürt.
Sie hängten den Steckbrief an jegliche Wand,
Drauf Kopfpreis und Name des Schrecklichen stand.
Die Leute sie lasen's und dachten dabei:
„Ja, fangt nur und tötet den starken Koschchei".

In Wunden, gebunden, nach blutigen Stunden
Sie schleppten die Bäurin zum Hauptmann daher.
Wir haben die Hexe der Hölle gefunden:
Sie lag im Gefecht am Maschinengewehr.
Sie hat Partisanen den Rückzug gedeckt;
Sie schoß, bis sich alle im Walde versteckt:
„Gut", sagte der Hauptmann, „ich lasse dich frei,
Doch mußt du erzählen vom starken Koschchei!"

Zum Lachen der Schwachen auflachten die Wachen,
Bis dann die Verletzte zu sprechen begann:
„Ihr Hitler, Herr Hauptmann, kann da gar nichts machen;
Der Riese Koschchei ist kein sterblicher Mann!
Im Wald, unterm Baum, unter Wurzeln im Stein,
Da soll seine Seele verborgen sein:
So ewig wie Rußland, unsterblich und frei,
Nie könnt ihr vernichten den Riesen Koschchei!"

Laterndl

The Lantern

Die österreichischen Emigranten schufen sich in London auch ihr eigenes Theater. Die Schauspieler Fritz Schrecker, Franz Hartl (Bönsch) und Franz Schulz schlugen dem „Austrian Center" (AC) die Gründung der Kleinkunstbühne „Laterndl" (The Lantern) vor, Albert Fuchs wurde zum Sekretär des Kabaretts gewählt. Bereits am 27. Juni 1939 brachte das „Laterndl" sein erstes Programm „Unterwegs" („On the road") heraus, das sechs Sketche und drei Lieder umfaßte. Unter der Regie von Johann Müller (der sich in England Martin Miller nannte) – unter primitiven Bedingungen, mit geliehenen Dekorationen und Kostümen –, begann das Ensemble die Probleme des Emigrantendaseins, die Forderung nach Wiederherstellung eines freien Österreichs und die Bedrohung durch den Krieg satirisch darzustellen. In der Szene „Bow Street" (der Name der Straße, in der sich die Londoner Einwanderungsbehörde befand) von Rudolf Spitz, wurden die alltäglichen Emigrantenschicksale vorgeführt. Es kamen alle Einwände und Vorteile gegen ein Asyl in England zur Sprache. Trotzdem wurde den Emigranten am Schluß der Szene Aufenthalt gewährt. Dies war auch eine Danksagung an das Volk, welches Tausenden von Menschen in bitterer Not beigestanden hat. Das „Wiener Ringelspiel", eine Szene von Hugo F. Königsgarten, beschäftigte sich mit der Anmaßung des Nationalsozialismus, ein tausendjähriges Reich zu schaffen, in der ein besetztes Österreich für immer seinen Platz als Ostmark finden sollte. Ein Kalendermann führte durch die Jahre 73, 1683, 1809, in denen Wien durch die Römer, Türken und Franzosen besetzt wurde. Hier wurden auch gewisse Seiten des österreichischen Volkscharakters gegei-

Das Laterndl

„Laterndl", London
1939, Programmheft

ßelt, indem das immer wieder angeschlossene Österreich beteuert: „Mir san schon immer gute illegale Römer, Türken oder Franzosen g'wesen."
Die Reaktion auf diese Premiere, bei der auch H. G. Wells, J. B. Priestley, Stefan Zweig und Robert Neumann im Publikum saßen, war überaus positiv. Weitere Programme folgten, bei denen wieder Franz Hartl, Albert Fuchs, Hugo F. Königsgarten, Peter Preses und Rudolf Spitz die Texte, Georg Knepler die Musik und Carl Josefovics, der von 1933 bis 1938 als Ausstatter im „Literatur am Naschmarkt" in Wien dabei war, die Bühnenbilder schufen. Insgesamt brachte es das „Laterndl", bis zu seiner letzten

„Laterndl", London
1939 auf einer Probe
v. l. Grete Hartwig und Martin Miller

Premiere am 14. Juni 1945 auf 38 Programme, darunter allerdings auch die
zahlreichen Aufführungen dramatischer
Werke von Nestroy, Anzengruber, Bruno Frank, František Langer und die Exil-
inszenierung „Der Lechner Edi schaut
ins Paradies" von Jura Soyfer. Es gab
Autorenlesungen und Rezitationsabende;
doch im Vordergrund standen die Kabarettprogramme, von denen im Januar
1940 das zweite unter dem Titel „Blinklichter" Premiere hatte. Albert Fuchs
schrieb dafür den Sketch „Wo liegt
Deutschland?", in dem Marsmenschen
bei einer Expedition durch Nazi-
Deutschland untersuchten, ob das deutsche Volk mit dem Hitler-Regime gleich-

THE LANTERN   DAS LATERNDL

★   ★

153, Finchley Rd., N.W 3.   Telephone: Primrose 5548

KLEINKUNSTBUEHNE DES VIENNESE THEATRE CLUB

3. PROGRAMM

VON ADAM BIS ADOLF

19. März 1940

★

Regie Martin Miller   Musikalische Leitung Georg Knepler
Buehnenbild Karl Josefovics   Kostueme Hertha Winter
Technische Leitung Geza Saphier

★

Programm 2 d

zusetzen sei. In England wurde diese abstruse These von Sir Robert Vansittart vertreten. Der „Vansittartismus" besagte, daß es einen „historisch" gewachsenen, aus dem deutschen Volkscharakter sich ableitenden Hang der Deutschen zu „barbarischem Militarismus und Nationalismus" gebe. „Der Feldmarschall in Badehosen" von Rudolf Spitz, dazu die Musik aus der „Großherzogin von Gerolstein" von Jacques Offenbach, war eine Satire auf Hermann Göring. Die finanziellen Machenschaften der Nazi-Hierarchie wurden in „Mein Kampf ums Rheingold" von Rudolf Georg (Rudolf Spitz und Georg Knepler), frei nach Richard Wagner, bloßgestellt: Hitler trat als Wotan auf, Göring als Donner und Goebbels als Loge. Am Anfang verwandeln sich die Rheintöchter in deutsche Hausfrauen; ihr Gold wird durch Dekret von Alberich alias Hjalmar Schacht der Reichsbank zugeeignet. Dann erwacht Wotan. Er steht unter dem Pantoffel von Fricka, geborene Reichswehr, die von ihm wissen will, womit er die große Burg zu zahlen gedenkt, die er sich von S. S. Fafner & S. A. Fasolt hat bauen lassen. Wotan entzieht sich der Nachfrage. Von Loge (Goebbels) erfährt er von dem Gold, das Alberich (Schacht) den Rheintöchtern genommen hat. Wotan erklärt, es sei ganz natürlich, wenn er dieses Gold, das schon einmal gestohlen wurde, nun noch einmal stehle. Am Schluß wollen alle in Walhalla einziehen, als diese, von Donner (Göring) angezündet, in Flammen aufgeht. Attacken gegen das Nazi-Regime bilden den Tenor der „Laterndl"-Programme. So wurde auch die Parodie von Martin Miller auf Hitlerreden mit dem Titel „Der Führer spricht" zum großen Erfolg dieses Programms, und Miller erhielt daraufhin eine Einladung der BBC, seine Paraphrasen im Rundfunk zu bringen. Im dritten Programm „Von Adam bis

Adolf" wurde der Aufbau der früheren Programme, eine Mischung von ernsten und heiteren Szenen fortgesetzt. Sketche wie „Spuk in Salzburg" von Hugo F. Königsgarten versuchten, Optimismus über den vermeintlichen Widerstand gegen die Nazis auszustrahlen. In der am 23. März 1940 gestarteten vierten Kabarett-Revue „Der unsterbliche Schwejk" hatte der brave Soldat Schwejk nicht nur im k. u. k. Österreich sondern auch im „Protektorat" seine Abenteuer zu bestehen. Als in einer Szene ein Nazi-Offizier drohte: „Ich werde euch Tschechen ausrotten!" replizierte Schwejk im Prager-Deutsch: „No ... paare werden schon iebrig bleiben." Die Periode der Internierungen (Mai 1940 bis Ende 1941) zwang dem „Laterndl" die längste Spielpause in seiner sechsjährigen Geschichte auf. Es hatte nicht nur einige seiner Schauspieler verloren sondern auch einen Großteil seines Publikums. Erst am 20. September 1941 wurde das „Laterndl" zusammen mit einer Filiale des AC in Hampstead mit dem Programm „Laterna Magica" wiedereröffnet. Für dieses Programm schrieb Hugo F. Königsgarten den Sketch „Die Rückkehr oder Wiener Jause", worin Emigranten aus England, Frankreich, den USA und Kuba nach zwölf Jahren nach Wien zurückkehren und sich dort mit der daheimgebliebenen Schwester zu einer Wiener Jause treffen. Die ehemaligen Emigranten haben fremde Bräuche und eine unverständliche Sprache mitgebracht. Zuletzt versichern alle der in Österreich Gebliebenen, daß sie doch die Tapferste von allen gewesen ist. Ausgelöst wurde diese Diskussion durch einen Artikel im „Zeitspiegel", in dem kritisiert wurde, daß es nicht genügt zu sagen: „Hitler ist ein Schuft und Narr", nein, man müsse den Emigranten auch genau sagen, was zu tun ist um Hitler besiegen zu können. Dieser und andere Vorwürfe führten zu Auseinander-

THE BRITISH BROADCASTING CORPORATION

Broadcasting House, London, W.1

TELEPHONE : WELBECK 4468   TELEGRAMS : BROADCASTS, LONDON

Reference :   AP/RB

4th April, 1940.

DEAR Sir,

We invite you to prepare and broadcast a talk(s) as detailed below upon the conditions printed overleaf. We shall be obliged if you will kindly sign and return within three days of the receipt of this letter the attached confirmation sheet.

Title .....IMITATION OF HITLER (in German)...

Date(s) ....Monday, 1st April, 1940...

Time ....About 4 minutes at 10.30 p.m. (European transmission)

Fee ....4 guineas (inclusive of all expenses).................................

Letters addressed to speakers at our offices are forwarded, but in order to relieve the speaker of the trouble of replying to routine enquiries, and also for statistical purposes, the letters are opened before being forwarded unless we are notified of any objection. Letters marked " Personal " are forwarded unopened. It will greatly assist our statistical records if you will let us see any letters, other than those from personal friends, which you may receive direct as a result of the talk(s).

Yours faithfully,

THE BRITISH BROADCASTING CORPORATION.

Programme Contracts Department.

Martin Miller, Esq.,
c/o Laterndel,
153, Finchley Road,
N.W.3.

DÖW 6894/1(A)

Brief an Martin Miller
1940 vom BBC zur Aufnahme seiner Hitler-Parodien

„Laterndl", London
1939 1. Revue: „Unterwegs"
Fritz Schrecker

setzungen unter den Emigranten, und
man konzentrierte sich in der Folge – um
die politischen Divergenzen hintan zu
halten – zusehends auf Stücke, die auf
der nationalsozialistischen „Liste des
schädlichen und unerwünschten Schrift-
tums" standen. „No Orchids for Mr.
Hitler" (Keine Orchideen für Mr. Hitler)
war im Oktober 1942 die letzte Klein-
kunstrevue. Die Programme, gespielt in
einem kleinen Saal der Finchley Road,
hatten jeweils eine Laufzeit von mehreren Wochen oder sogar Monaten und
wurden von vielen verschiedenen Akteu-
ren in Szene gesetzt, von denen hier nur
einige stellvertretend erwähnt werden
sollen: Gina Bauer, Fred Berger, Ludwig
Donath, Lily Dura, Erich Freund, Grete
Hartwig, Gerhard Hinze, Helen und
Willy Kennedy, Jaro Klüger, Charlotte
Küter, Paul Lewitt, Franz Marischka,
Hanne Norbert, Peter Preses, Fritz
Schrecker, Otto Stark, Marianne Walla
und Gerda Weissmann.
Zwischen der deutschen und der österreichischen Exilbühne bestanden enge
Kontakte, die häufig zum Austausch von
Schauspielern und Regisseuren führten.
Zum Ausdruck kamen im „Laterndl" allerdings stärker die inneren Gegensätze
in der Emigration. Während der politisch
bewußtere Teil des Publikums für ein ak-
tuelles und realistisches Zeittheater plä-
dierte, sah ein anderer Teil die Funktion
der Bühne vorrangig in Entspannung
und Zerstreuung.

Bow Street[1]

Text: Rudolf Spitz
Musik: Kurt Maschinger
1. Revue „Unterwegs"
„Laterndl", London
1939 vorgetragen von:
Jaro Klüger (Der spanische Soldat/Der ewige Revolutionär)
Marianne Walla (Die Hausgehilfin/Die ewige Frau)
Martin Miller (Der Fremde/Der ewige Jude)
Franz Hartl (Der exotische Student/Constable)
Fritz Schrecker (Der Friedensrichter)
Sigurd Lohde (General Bias)
Grete Hartwig (Mrs. Charity)

Part I

(Sessel. Nach rechts, links und rückwärts fortgesetzt gedacht. Im Hintergrund eine in der Mitte offene Glastüre, hinter der Schatten sichtbar sind. Der Arm des Constable. Die Stimme des Beamten. Künstliche Musik von oben. Ein Sonnenstrahl von links. Treppe vorne rechts. Musik: Baß staccato Motiv, das Vergehen der Zeit bedeutend.)

Beamter: (Stimme aus dem Hintergrund) Next please!
Constable: (Echo) Next please!
Stimme einer Gruppe: (furchtsam gefaßt) Yes – please!
Constable: (aus der Mitte hinten) Five more please!
Echo: (von rechts vorn) Five more please!
Die Schatten: (unter der Glastüre) Five more …
Constable: (streng) Five only!
Die Schatten: (eingeschüchtert) Five – only …
Constable: (zu den draußen Wartenden) Move on please!
Die Wartenden: (nicht verstehend) Yes – please!
Constable: (deutliche Gebärde mit Arm) Move on, please!
Die Wartenden: Move – (verstehend) oh yes – oh – please! (sie rücken um einen Sessel weiter). (Musik aus.)
Der Fremde: (schüchtern zu seinem Nachbarn) Are you – also?

Der spanische Soldat: (sieht ihn an)
Der exotische Student: (fließendes aber fremdes Englisch) The gentleman wants to know, whether you are also – (zum Fremden) What do you mean?
Der spanische Soldat: Yes. I know. I am also. (Zeigt auf den Fremden.) And you are (auf die Hausgehilfin) and the lady is – we are all – all together (beschreibt mit der ausgestreckten Rechten einen Kreis) Also run.
Der exotische Student: I beg your pardon – I am only changing my adress. (Pause) but – I sympathize of course … (Pause)
Der Fremde: (hilflos) Excuse me please, but I understand not so much –
Der spanische Soldat: Deutsch? Berlin? (zeigt auf sich) Barcelona! (zeigt auf seinen rechten Arm, den er in der Schlinge trägt, und auf sein linkes Bein) Schuß; Schuß!
Der Fremde: Austria – Autriche – Wien –
Chor: Wien –
Die Hausgehilfin: Wien – mein Gott –
Der Fremde: (flüsternd) Sind Sie –
Die Hausgehilfin: Prag.
Chor: Prag.
(Musik)
Constable: Move on please!
Gruppe: Move – oh yes – move on please! (sie rücken einen Sessel weiter) (Musik aus)
Der exotische Student: Ich spreche deutsch ebenfalls. Ich bewundere Wien und liebe dasselbe. Oh yes – der schöne blaue Konezel, die grinzinger Grammeln – die singen und das hoch – hoch – dreimal Hochparterre! Es war nur eine Nacht ein Walzertraum. Sehr hot, sehr blue, sehr billig – unvergeßlich! (singt die ersten Takte der schönen blauen Donau) lalalala!
Constable: Shut up, please!
Die Hausgehilfin: (flüsternd) Sie kommen direkt von –

Der Fremde: (nickt) Gestern gekommen.
Chor: Gestern gekommen – mein Gott.
Da können Sie von Glück – ich habe
noch meine Frau – mein Bruder ist seit
10 Monaten – meine Mutter ist 70 Jahre
– wohin soll das führen!
(Musik)
Constable: (Move on, please! (sie rücken
um einen Sessel weiter)
(Musik aus)
Der Fremde: (zur Hausgehilfin) Wird
das sehr – ich meine ist das sehr – ich bin
nämlich zum erstenmal da –
Chor: Zum ersten Mal!
Der exotische Student: Keine Ängst-
lichkeit muß sie befürchten. Auch dieser
Gentleman (nach hinten auf den Beamten
weisend) ist ein Mensch. Wie ich bin ein
Mensch. Und der Herr ist ein Mensch.
Sind wir alle Menschen. So auch Sie sind
ein Mensch!
Der Fremde: Ein Mensch? Ja – glauben
Sie, wird man mir das bewilligen? Be-
steht Aussicht? Im Gnadenwege? (Er
nimmt den Hut ab und trocknet sich den
Schweiß auf seiner Stirn, sein Schädel ist
geschoren).
Der spanische Soldat: Was Gnade – was
heißt das – Recht ist das! Recht – dafür
haben wir – dafür werden wir weiter –
(Musik)
Constable: Move on, please! (sie rücken
um einen Sessel weiter)
(Musik aus)
Der spanische Soldat: Kamerad – (er
faßt den Fremden an)
Der Fremde: (fährt zusammen und hält
den Arm schützend vors Gesicht)
Die Hausgehilfin: Nicht! (streicht ihm
über den Kopf) Das muß erst langsam
alles wieder wachsen!
Der Fremde: (küßt ihre Hand)
Die Hausgehilfin: Glitzerin – wenn Ihnen das schmeckt –
Der spanische Soldat: Glitzerin – warum? Schämen Sie sich nicht, daß Sie sich
schämen zu arbeiten?

Die Hausgehilfin: Ja – und ich schäme
mich genug dafür! Wenn ich 6 Stunden
bodengerieben habe, muß ich 10 Minuten
meine Hände reiben. Es ist eine Art Aber-
glauben aus der Vergangenheit, an eine –
Zukunft? Ich war Konzertpianistin. Ich
habe Kritiken – hier (sucht in ihrem Täschchen) nein, das ist ein Zettel fürs Wobourn
House – nein, das ist eine Bestätigung vom
Wobourn House – daß ich nicht dorthin
gehöre und eine Empfehlung an den
Mecklenbourg Square – und da ist die
Verständigung – daß ich ein Wobourn
House Fall bin – aber das Wobourn House
ist für mich nicht zuständig – da habe ich
doch – meine Kritiken – gehabt . . . (Sie
sucht weiter in ihrem Täschchen).
Der spanische Soldat: Dauert lange hier
– das dauert sehr lange – Kamerad – in
meiner linken Brusttasche ist meine Uhr
– die Zeit – Kamerad –
Der Frende: (nimmt die Uhr, schaut
darauf, schüttelt den Kopf)
(Musik – das Baßmotiv ganz gleichmäßig
im Rhythmus wird zu einer Melodie, die
bis zum Schluß von Part I erklingt)
Der spanische Soldat: Steht?
Chor: Steht . . .
Der Fremde: (verzweifelt aber ruhig) Ja
– ach so – natürlich – wenn es so steht
mit der Zeit, dann müssen wir natürlich
– warten – natürlich –
Die Hausgehilfin: Ich muß noch 4 Jahre
warten – nein: eigentlich nur noch sieben-
undvierzig-sieben-dreißigstel Monate.
Dann kommt meine Nummer dran –
meine Nummer bin nämlich ich!
Der spanische Soldat: Wir werden warten – warten macht nichts – wir können
warten!
Die Hausgehilfin: Dann werden wir erlöst – wie der Schmetterling aus der Rau-
pe – ein Schmetterling mit schimmernden
Konzertflügeln aus eitel Bechstein – dann
bin ich fünfzig – und dann laß ich meinen Mann nachkommen – und dann hei-
raten wir . . .

Der Fremde: Kann man garnichts tun?
Der exotische Student: Warum?
Der Fremde: Damit die Zeit vergeht – diese Zeit! Aber ich glaube, diese Zeit vergeht nie mehr!
Die Hausgehilfin: (legt ihre Hand auf seine) Doch. Sie vergeht. Warte!
Der Fremde: Bitte – um keine freundlichen Worte – freundliche Worte bitte nicht – freundliche Worte da muß ich –
Die Hausgehilfin: Weinen, wein' nur – es wird noch viel geweint werden.
Der spanische Soldat: (gleichzeitig) Kämpfen, kämpft weiter Kamerad – der Kampf geht weiter – nicht weinen!
Der Fremde: Nein, nicht weinen – ich habe mit dem Weinen gekämpft – Sie werden lachen, ich kann garnicht mehr weinen.
(Licht langsam eingezogen)
Constable: (sehr leise) Move on, please!
Der Fremde: Wenn ich bitten dürfte, schlafen zu dürfen, da möchte ich gar nichts mehr sonst, als –
Beamter: Four more, please –
Der Fremde: (erhebt sich taumelnd) Four – oh yes, please.
(Musik aus)

Part II

(Es ist Licht, aber von Kerzen, die auf dem Tisch des Friedensrichters stehen. Er trägt Perücke, Barett und Talar, zu seiner Linken General Bias, zu seiner Rechten Mrs. Charity.)

Der Friedensrichter: (blättert in den Papieren) Four more – what do you think General Bias?
General Bias: (verächtlich und zornig) Four more!
Der Friedensrichter: I see. Mrs. Charity?
Mrs. Charity: (flehentlich) Four more!
Der Friedensrichter: I see!
General Bias: (wie oben) Just look at them!
Der Friedensrichter: Well – let's just look at them! (Der ewige Revolutionär, die ewige Frau und der ewige Jude stehen nun vor dem Richter)
Der Friedensrichter: Well, well... Sie kamen nach England, nicht wahr... und nach England gekommen, begegnen Sie der Nachsicht...
Mrs. Charity: (überströmend) How do you do?
Der Friedensrichter: Thank you, Mrs. Charity, that will do!... und dem allgemeinen Vorurteil – meet General Bias –
General Bias und die Drei: (zusammen) We have met, wir kennen einander.
Der Friedensrichter: (blättert in den Akten) Die Gründe, um derentwillen Sie hier Zuflucht suchen, sind die verschiedenartigsten. Und dennoch haben alle Ihre Fälle etwas gemeinsam! Sie verließen Ihre Heimat – haben Ihre Heimat verloren – für kurze Zeit vielleicht – vielleicht für immer!
Der ewige Revolutionär: Kein für immer! Wir wurden geschlagen – werden wieder siegen – werden abermals geschlagen werden – und wieder siegen und zuletzt siegen und für immer!
Der Friedensrichter: Ich kann aus den Papieren Ihr Alter nicht ersehen... tatsächlich besitzen Sie keinerlei Papiere.

Der ewige Revolutionär: Papier! Freiheit und Recht – Verträge und Vertrauen – das ist nicht mehr als ein Fetzen Papier! Aber so ein Fetzen Papier, das ist mehr als Menschenwürde, Menschenachtung, Menschenschicksal – so ein Fetzen Papier!

General Bias: (springt auf) Nun, für mich steht fest –

Der Friedensrichter: (winkt ab) Einen Augenblick! Sie scheinen sehr jung zu sein.

Der ewige Revolutionär: Ich – das ist hier –

Der Friedensrichter: (fortfahrend) Sie sind es nicht! Im Jahre dreißig nach Christi Geburt wurden Sie in Rom als Spartacus gekreuzigt – ist das richtig?

Der ewige Revolutionär: Das war damals richtig.

Der Friedensrichter: Dreizehnhundert Jahre später trugen Sie als Florian Geier die schwarze Bauernfahne der Revolution – wurden verbrannt und als Jan Hus auf dem Scheiterhaufen zu Konstanz, erlitten als Danton am 5. Brumaire des Jahres sechs ihrer eigenen Zeitrechnung den Tod durch die Guillotine, kamen als Victor Hugo, Luis Blanc, Franz Kossuth, Emile Zola in dieses Land, wurden als Lenin, Dostojewski, Gorki nach Sibirien verbannt – entflohen – hielten sich in der Schweiz auf, in Frankreich und in diesem Lande – kehrten in Ihre Heimat zurück – und flohen neuerlich – starben im Elend, Irrenhaus, Hospital – starben Sie nicht?

Der ewige Revolutionär: Ich starb nicht!

Der Friedensrichter: Sie denken also weiterhin?

Der ewige Revolutionär: Ja. Ich denke. Und da ich weiterhin denke, denke ich weiterhin!

General Bias: (aufspringend und zitternd vor Wut) Nun das ist der offensichtlichste Fall – Sie sind die ewige Un-

ruhe! Aber lassen Sie sich gesagt sein – es ist dafür gesorgt – ich sammle ...

Mrs. Charity: (bittend) Oh bitte – lassen Sie sich doch gesagt sein – es ist dafür gesorgt – ich sammle –

Der Friedensrichter: (zur ewigen Frau) I see. Eva, ist das Ihr voller Name?

Die ewige Frau: (nickt)

Der Friedensrichter: Mrs. – Miss?

Die ewige Frau: Eva. Einfach Eva!

Der Friedensrichter: Ich sehe hier eine Sache – Paradies – eine Ausweisung – das fängt gut an –

Die ewige Frau: Oh, Paradies – natürlich – Sie würden es nicht für möglich halten, was man mir dort für Schwierigkeiten gemacht hat – alles wegen eines Apfels. Die Schlange hat mich da hineingeritten! Sie hat gesagt, sie ist eine Einheimische und kann dort alles richten – und wir sollen uns da keine grauen Feigenblätter darüber wachsen lassen –

Der Friedensrichter: Sie hatten auch in Athen – mhm – Unfrieden – beziehungsweise Sparta – Sie nannten sich damals – lassen Sie mich sehen – Lysistrata!?

Die ewige Frau: Lysistrata – bitte – das kann ich erklären. Unsere Männer wollten Krieg – aber wir wollten unsere Männer! Da sagte ich – und da sagten alle meine Freundinnen: „Ou – ou!" Nicht – nicht! Mit dem Tag der Kriegserklärung traten die Belegschaften sämtlicher spartanischer und athenischer Betten in Bummelstreik. Denn wer nicht hören will, der soll auch nicht fühlen, fühlten wir.

Der Friedensrichter: Sie gaben auch englischen Gerichten Anlaß, sich mit Ihrer Person zu beschäftigen ... Der Fall Maria Stuart –

Die ewige Frau: Königin Maria, wenn ich bitten darf!

Der Friedensrichter: Genau. Sie kamen nach England auf Visitors' Permit und nahmen einen Job an als – Königin?

Die ewige Frau: Ja, was soll man denn machen, wenn man gut aussieht und sonst nichts gelernt hat? – Ich war eben nicht sehr gut beraten ... Ich hatte nämlich kein Geld und alle meine Anwälte waren Schotten.

Mrs. Charity: Die Ärmste!

Die ewige Frau: Und dann dachte ich mir – na, den Kopf wird's schon nicht kosten.

General Bias: Sie wurden enthauptet. Und Sie waren eine Ehebrecherin!

Die ewige Frau: Und als Jungfrau von Orleans haben sie mich verbrannt. Den Herren ist's eben schwer, was recht zu machen.

General Bias: Sie sind die ewige Unruhe – kümmern Sie sich um Ihre Angelegenheiten, mischen Sie sich nicht in unsere –

Die ewige Frau: Eure Angelegenheiten? Und unser Platz ist hinter dem Herd, wenn's beliebt. Und dort sollen wir die Kinder zur Welt bringen, zu Befehl? Aber solange dazu ein Mann unerläßlich ist, meine Herren, solange ist dieser Mann unsere Angelegenheit. Und wenn seine Überzeugung ein Verbrechen ist, seine Rasse eine Schande – das ist unsere Angelegenheit. Die haben wir nun einmal in unsere Hände genommen. Wenn unser Heim eine Dienstbotenkammer ist und unser Eheglück jeder zweite Sonntag – das ist unsere Angelegenheit. Denn das wird man doch noch sagen dürfen, als Dienstbote in einem freien Land: Wir sind so frei!

Der Friedensrichter: Ich sehe. Thank you. Mr. ... Ahasver[2] ist das Ihr voller Name?

Der ewige Jude: Jetzt Israel Ahasver – aber darauf kommt's auch schon nicht mehr an.

Der Friedensrichter: Mrs. Charity?

Mrs. Charity: Keine Frage!

Der Friedensrichter: General Bias?

General Bias: Ohne die bedauerlichen Ausschreitungen, die natürlich zum Großteil übertrieben sein mögen, irgendwie gutheißen, oder gar wahrhaben zu wollen, fällt doch auf, daß Sie so ziemlich überall – sagen wir – Schwierigkeiten hatten! Schwierigkeiten ist ein ziemlich milder Ausdruck – das geben Sie zu?

Der ewige Jude: Schwierigkeiten ist ein ziemlich milder Ausdruck.

General Bias: Es kann natürlich Zufall sein – daß, wo immer Sie bisher zu Gaste waren, die Gastgeber nach einer bestimmten Zeit den Wunsch empfanden, Sie wieder los zu werden – es kann dies natürlich lediglich die Schuld des Gastgebers sein – könnte es nicht aber auch ...

Der ewige Jude: Es könnte auch die Schuld des Gastes sein – oder die Schuld des Schicksals, Gast sein zu müssen.

General Bias: Wir wollen das hier nicht näher untersuchen. Ihre Eigenschaften, die ihren spezifischen Charakter ausmachen – wollen Sie bestreiten, bestimmte spezifische Eigenschaften zu besitzen? –

Der ewige Jude: Wenn ich es bestritte, würden Sie doch sagen, es sei eine meiner spezifischen Eigenschaften, dies zu bestreiten!

General Bias: Sehen Sie – wenn man so mit Ihnen spricht – sind Sie ja ganz vernünftig. So als Einzelner, nicht wahr? Ich habe auch gar nichts gegen Sie persönlich – es ist immer nur die Masse wissen Sie –

Der ewige Jude: Ob ich weiß!

General Bias: Aber bleiben wir bei den Tatsachen. – Sie sind die ewige Unruhe – schon im alten Ägypten: Seuche, Hungersnot, Krieg und Verderben – das waren die Folgen Ihres Aufenthaltes dort, das ist das Wirken Ihres Gottes!

Der ewige Jude: Das war die Folge des Unrechts, das geschehen ist. Es ist das Wirken Gottes, daß er es nicht ungestraft geschehen läßt.

General Bias: Als der Herr des Himmels zu Ihnen kam, haben Sie ihn gekreuzigt, und als er sein Kreuz trug, haben Sie gelacht. Sind Sie darum nicht mit Recht unstet und flüchtig auf dieser Erde?

Der ewige Jude: Ist er nicht etwas zu früh gekommen? Als er kam, bestellten wir den Acker, pflegten den Weinstock, weideten unsere Herden. Wir waren ein Volk und besaßen eine Heimat. Zu den Wohlhabenden und Satten ist er gekommen und war fremd und arm. Wie sollten wir ihn verstehen? Unsere Kinder, unsere Krüppel, unsere Huren haben ihn geliebt – und die zerlumpten Fischer am See Genezareth. Er speiste 5 000 Mann, aber wir hatten ja Waffen, ein gerüstetes Heer und feste Bündnisse, sie zu schlagen. Er sagte: „Selig sind die Armen." Wir waren reich – was wußten wir? Und heute? Was weiß ein Fremder?

General Bias: Ihr Reichtum entspringt der Fähigkeit, andere für sich arbeiten zu lassen.

Der ewige Jude: Jeder Reichtum entspringt der Fähigkeit, andere für sich arbeiten zu lassen.

General Bias: Sie meiden gewisse Berufe – Landwirtschaft, Handwerk, ganz gewöhnliche schwere Arbeit ist Ihnen verhaßt. Woran liegt das?

Der ewige Jude: Es liegt vielleicht daran, daß das Leben eines ganz gewöhnlichen schweren Arbeiters kein leichtes ist. Millionen Mütter bringen Kinder zur Welt in Schmutz, Armut und Not und beten: Nichts soll mein Kind haben, aber einen hellen Kopf. Millionen Väter sind Bauern, Schuster, Spengler, Wasserträger, Kutscher, Bettler und Diebe? Warum? Damit der Bub einmal was Besseres wird!

General Bias: Sie wollen die Welt beherrschen! Ein weitverzweigtes Netz internationalen Kapitals der Presse, der Politik ist Ihnen untertan! Sie ziehen an den Fäden des Weltgeschehens – eine mystische unerklärliche, einzige Macht regiert hinter den Kulissen!

Der ewige Jude: Darauf kann ich nur ein mystisches, unerklärliches, einziges Wort sagen: nebbich![3]

Der Friedensrichter: I – beg your pardon?

Mrs. Charity: Eine Art Bedauern – nebbich... und eine Art Entschuldigung...

General Bias: Eine Art Entschuldigung für alles! Bedaure, sowas ist mir fremd, das brauchen wir nicht!

Der Friedensrichter: Wer weiß? Nebbich... well, well... man hört das jetzt, so höre ich, immer häufiger, ... well, well, nebbich... und wer weiß, der Tag mag kommen, wo man den Unterschied – nebbich – kaum noch merkt zwischen well – nebbich und nebbich – well! Wissen Sie, Sie müssen wissen...

Mrs. Charity: Man müßte von allen Fällen wissen –

General Bias: Man weiß von genug Fällen –

Der Friedensrichter: Von Nachsicht und Vorurteil einmal ganz zu schweigen... oder vielleicht nicht ganz. Die gibt es nämlich auf beiden Seiten, nicht wahr? Wir Engländer sind insular, so heißt es, wir sperren uns ab, lassen niemand ein... also, Sie sind hier und werden dies am besten selbst beurteilen können. Und gesetzt den Fall, Sie lassen sich hier nieder...

Mrs. Charity: Bitte, ja!

General Bias: Danke, nein!

Der Friedensrichter: Gesetzt den Fall, sagte ich, dann ergäbe sich vermutlich heute, morgen oder eines Tages die Notwendigkeit, einander näher oder zumindest richtig kennen zu lernen. Und wenn Sie hier ebensoviel Verständnis finden wie Mißverständnisse, ... Sie verstehen doch, was ich meine? (Pause) Ja, mit einer fremden Sprache ist es manchmal so wie mit einer fremden Frau... je mehr man glaubt, jetzt: jetzt verstehe ich endlich... aber das ist wohl etwas abstrakt gedacht, unenglisch, nicht wahr... vielleicht bin ich schon etwas angesteckt... wir Engländer halten uns lieber an ganz konkrete Fälle. Gesetzt den Fall also, ich sagte: Was kann ich tun für Sie?

Mrs. Charity: Alles!
General Bias: Nichts!
Der Friedensrichter: Genau. Und das ist doch wohl nicht schwer zu verstehen, oder? Gesetzt den Fall jedoch, ich sagte: Wir wollen sehen, was wir für Sie tun können –
Mrs. Charity: Das wollen wir!
General Bias: Das wollen wir doch sehen!
Der Friedensrichter: In diesem Falle also, gesetzt den Fall, nicht wahr, so könnten Sie sich darauf verlassen.
Mrs. Charity: (dankbar) Thank you.
General Bias: (verächtlich) Thank you.
Der Friedensrichter: Well, well ... damit wäre eigentlich alles gesagt, es sei denn, Sie hätten etwas –
Die Drei: Thank you!
Der Friedensrichter: Thank you! Thank you very much indeed, and ... Next please ... nebbich? ... well, well, well ...

---

[1] Bow Street: Name der Straße, in der sich die Londoner Einwanderungsbehörde befand.
[2] Ahasver: Sinnbild für die Jahrhunderte währende Verfolgung der Juden. Nach einer spätmittelalterlichen Legende hat Ahasver Jesus, als er auf dem Weg zur Kreuzigung ausruhen wollte, von der Schwelle seines Hauses gewiesen und muß seitdem in der Welt umherirren.
[3] Nebbich: Die beste Erklärung: „Nie bei Euch" ... möge das so sein.

Der Führer spricht

Text: Martin Miller
„Laterndl", London
2. Revue „Blinklichter"
1940 vorgetragen von Martin Miller

Parteigenossen, Männer und Frauen des deutschen Reichstags, als im Jahre 1492 der Spanier Christoph Columbus, gestützt auf die Erfahrungen deutscher Gelehrter und unterstützt von deutschen Apparaten und Instrumenten, seine nunmehr bekanntgewordene Fahrt über den weiten Ozean unternahm, konnte kein Zweifel darüber bestehen, daß bei einem Gelingen dieses gewiß gewagten Unternehmens, Deutschland teilhaben müßte an den Errungenschaften, die diese Entdeckungsfahrt zeitigen sollte.
Erlassen Sie es mir, bitte, die Geschichte Amerikas vor Ihnen zu entwickeln, aber seien Sie versichert, daß diese Geschichte mich schon zu einem Zeitpunkt interessiert hat, da ich als unbekannter Architekt in Wien die Werke des Dichters Karl May studiert habe. Studiert habe von meinem persönlichen Standpunkt und darüber hinaus vom Standpunkt des deutschen Volkes. (Rufe: Wir danken unserm Führer!)
Allein, die Beziehungen Europas zu den Vereinigten Staaten von Nordamerika wurden in den Kriegsjahren 1914 bis 18 immer enger und enger. Allein wir können uns nicht verhelen, daß der damalige Präsident der Vereinigten Staaten Woodrow Wilson immer mehr und mehr unter den Einfluß der englischen Diplomatie geriet. (Pfui!) Herr Churchill, Herr Duff Cooper, aber nicht minder Herr Benes, haben es verstanden, den weltfremden Herrn zu dem Eingreifen Amerikas in den Krieg an der Seite der Entente zu veranlassen. Ich konnte ihn nicht vom Gegenteil überzeugen, denn während die Herren im Weltkrieg in den

vornehmen Restaurants am Broadway saßen, stand ich vier Jahre lang als einfacher Soldat an der Front. (Bravo! Heil!) Seit dem Jahre 1492, also beinahe 450 Jahre, habe ich geschwiegen und geschwiegen und diese Probleme im Interesse des Friedens unberührt gelassen. Aber nun ist meine Geduld zu Ende. (Bravo!)

Im Jahre 1920 entschloß ich mich, Politiker zu werden, und ich hatte seither nur ein Ziel vor Augen und nur an einem Ziel gearbeitet, das war die endgültige Befreiung des deutschen Volkes. Kein Opfer meines Volkes war mir je zu groß, und es ist eine unbestittene und unbestreitbare geschichtliche Tatsache, daß niemand vor mir deutsches Blut deutschem Boden in so gewaltiger Masse zugeführt hat wie ich. Ich nenne, ich erwähne als stolze Daten in diesem einmaligen Befreiungskampf der Weltgeschichte die Wiederbesetzung der Rheinlandzone, die begeisterte Abstimmung im Saargebiet, für deren objektive Durchführung ich auch heute noch über alle Gegensätze hinweg der französischen Regierung Dank und Anerkennung zolle, den mit der überwältigenden Mehrheit von 99% Stimmen begrüßten Anschluß Österreichs, die vielumjubelte Befreiung des Sudetenlandes, unser segensreiches Wirken im Protektorat, und zuletzt unsere freundschaftliche Aktion für das polnische Volk.

Ich erkläre ein für allemal, daß damit meine territorialen Forderungen in Europa erfüllt sind, und ich stelle nunmehr Forderungen maritimer Natur. Das amerikanische Volk ist groß. Und ein großes Volk will leben. Die Amerikaner brauchen einen Zugang zum Meer, das habe ich nie bestritten, weder in einer Rede, noch in einer Zeile meines Buches und ich erkläre es neuerdings und mit allem feierlichen Nachdruck. Aber es leben in diesem Gebiet, abgesehen von den Millionen deutscher Volksgenossen, allein in Chicago 324000 Tschechen und die fragen sich immer wieder und wieder: „Warum können wir denn nicht unter das Protektorat kommen, wo wir doch Tschechen sind?" Es leben in der bekannten Stadt New York 476000 Polen, von denen rund 40 von hundert jenem Teil Polens entstammen, der dank unserer Vereinbarung mit der sowjet-russischen Regierung an das Großdeutsche Reich gefallen ist. Alle diese Volksgruppen sehen begreiflicherweise im großdeutschen Reich ihre Heimat, und sie haben auch berechtigten Anspruch auf den Schutz dieser Heimat, und diesen Schutz wollen wir ihnen gewähren, und zwar nicht nur theoretisch, sondern auch praktisch. (Großer Jubel.)

Ich bin Herrn Roosevelt[1] für sein häufig bewiesenes Interesse an den inneren Vorgängen Europas zu großem Dank verpflichtet und will nunmehr diesen Dank abstatten, indem ich das Protektorat über die Vereinigten Staaten von Nordamerika übernehme. (Ein Volk, ein Reich, ein Führer!) Ich werde dieses Amerika im Zuge der Wiedervereinigung mit dem Altreich in einen blühenden Garten verwandeln und bin mir hierbei meiner kulturellen sowohl als auch architektonischen Sendung sehr bewußt. Die heute noch belanglose Hafenstadt New York soll endlich dem Welthandel erschlossen werden, Sonnen- und Sonnenkratzer sollen erstehen und die dem heutigen Zeitgeist nicht mehr Rechnung tragenden kleinen Bauten abgeschafft werden und daß hierbei auch die verkehrsstörende Freiheitsstatue zum alten Eisen geworfen wird, darauf können Sie sich verlassen. Stadtbild und Gangstertum sollen fortan mein Gesicht tragen!

Herr Roosevelt, Herr Cordell Hull[2] und auch Herr La Guardia[3] mögen zur Kenntnis nehmen, daß es mein unerschütterlicher Wille ist, den mir von der

Vorsehung bestimmten Stuhl im Weißen
Hause einzunehmen und es damit zum
braunen Hause zu machen, so wahr ich
Gott helfe!

„Laterndl", London
1940 2. Revue: „Blinklichter"
Szene: „Der Führer spricht"
Martin Miller in seiner Hitler-Parodie

[1] Franklin D. Roosevelt (1882–1945), 1933–1945
amerikanischer Präsident.
[2] Cordell Hull (1871–1955), 1933–1944 amerikanischer Außenminister.
[3] Fiorelle Henry La Guardia (1882–1947), 1940 Bür-
germeister von New York.

In den Lagern in England

Im Frühjahr 1940 setzte eine verstärkte Hetzkampagne gegen Emigranten und Ausländer ein. Eine künstlich hochgespielte Panikstimmung sollte die Masseninternierungen vorbereiten. Angesichts des Vormarsches der Hitler-Truppen in Westeuropa startete die reaktionäre Presse in London ihre Aktion „Intern, the lot!" Anfang Mai 1940 verfügte Sir John Anderson die Internierung aller deutschen und österreichischen Flüchtlinge, die von Tribunalen als „feindliche Ausländer" klassifiziert worden waren. Die Selbstmordrate unter den Emigranten nahm in dieser Zeit enorm zu. Bis Mitte Juli 1949 waren bereits 20000 Emigranten – ein Drittel aller Deutschen und Österreicher – interniert. Die meisten von ihnen wurden auf die Isle of Man gebracht. Verglichen mit anderen Asylländern, zum Beispiel Frankreich, das eine wesentlich härtere Internierungspolitik durchführte, war die Großbritanniens letztlich nicht so rigoros. Erst nach der Kapitulation Frankreichs, als Großbritannien eine Invasion der Insel befürchtete, begannen die Deportationen der Internierten nach Australien und Kanada, von denen 6564 Deutsche und Österreicher betroffen waren. Urplötzlich, ohne Kenntnis des Bestimmungsortes, wurden sie unter Bewachung abtransportiert und gemeinsam mit deutschen Kriegsgefangenen in überfüllte Schiffe gepfercht: „Nun hockten wir in unserem Massensarg, verlassen, ausgebeutet, ohne Rasierzeug, ohne Seife, ohne Handtuch, ohne Wäsche, nicht wissend, wohin man uns zu verschiffen gedachte, mit der Aussicht, rettungslos abzusaufen, wenn uns ein Torpedo erwischte, wie es einem vor uns auf den Weg nach Kanada geschickten Internierten-Transport ergangen war", erinnerte sich Max Zimmering, der mit einem solchen Transport nach Australien deportiert wurde.

In den Camps auf der Insel bewährte sich die Standhaftigkeit und der Mut der internierten Mitglieder des „Freien Deutschen Kulturbundes" und des „Austrian Centre". Ihr Versuch, der Demoralisierung mit Hilfe der Kunst, der Literatur und dem Theater zu begegnen, erwies sich als erfolgreich. Lagerzeitungen wurden gegründet und in den Lageruniversitäten Kurse abgehalten. Die Palette der gewählten Theatermittel reichte von der Einmannshow und dem Puppentheater über satirische Revueskizzen und Lesungen bis zur Aufführung von Einaktern und abendfüllenden Stücken. Zu den Initiatoren dieser Veranstaltungen gehörten auch die internierten Mitglieder der „Kleinen Bühne" und des „Laterndl", während die zurückgebliebenen Kulturbundmitglieder Geld- und Kleidersammlungen zugunsten der Internierten veranstalteten.

Im Onchan Camp auf der Isle of Man wurden Lesungen mit Texten von Kurt Tucholsky, Erich Kästner und Joachim Ringelnatz veranstaltet. Paul Dornbergers Stücke „The Last Chance" und „Der junge König" sowie Kubas (Kurt Barthel) antifaschistisches Stück „Septembertage" entstanden sogar in der Internierung und wurden in den Lagern aufgeführt. In den Themen dieser Bühnenprogramme spielte die Auseinandersetzung mit der unmittelbaren Lagerwirklichkeit eine große Rolle. Trotz und gerade wegen der kritischen Darstellung des Lagerlebens gelang es der Spieltruppe unter Leitung des Schauspielers Josef Almas im australischen Camp Hay in ihren beiden Revuen „Erinnerungen an Europa" und „Hay Days" einen optimistischen Tenor zu erzeugen, der im Prolog zu den „Erinnerungen an Europa" deutlich zum Ausdruck kommt:

Vielleicht sind all die Dinge gar nicht
    groß,
Genau wie das Camp, in dem wir leben,
Doch sollte man auch hier zum Großen
    streben
Und so erleichtern unser schweres
    Los...

Es münze jeder aus dem Spiel auf sich
Sein Teil von der Kritik, die wir drin
    üben.
Doch sei gesagt: Wir wollen nicht
    betrüben
Mit unserm Spott, mit unserm Hieb und
    Stich.

Max Zimmering, der diese Verse schrieb,
wertet die Revue als einen Versuch, „das
Schicksal der Internierten auch in deren
Bewußtsein über das Individuelle hinaus-
zuheben und in das große Geschehen in
Europa hineinzustellen, ihnen trotz der
damals... wenig rosig aussehenden
Weltsituation die Hoffnung auf eine bessere Zukunft wiederzugeben und ihnen
gleichzeitig zu zeigen, daß sie sich selbst
hier in der australischen Steppe, hinter
Stacheldraht und fern vom heimatlichen
Europa keineswegs als ausgeschaltet, als
tot zu betrachten hätten".

Als Einzelheiten über Art und Umfang
der Deportationen nach Übersee bekannt
wurden, begann die englische Presse einen energischen Kampf für die Freilassung der Internierten. Unter dem allgemeinen Druck veranlaßte die Regierung
bis Ende 1941 die Freilassung aller Internierten.

Im Juni 1939 war auch der österreichische Texter und Librettist Peter Herz
vor der „Verschickung" ins Konzentrationslager, über Zürich und Paris nach
London geflohen und wurde dort 1940
auf der Isle of Man interniert. Er hatte
bereits vor 1938 mit Hermann Leopoldi

„Blue Danube Club", London
1941, Anzeige

eine Reihe bekannter Schlager geschrieben. Im Internierungslager Hutchinson
Camp gründete er nun das „Stacheldraht
Kabarett" um, wie er schrieb, seinen
Mitinternierten „seelische Aufmunterung
in der furchtbaren Zeit, durch Unterhaltung und Entspannung zu bieten". Als
Peter Herz, nach sechs Monaten Internierung, wieder nach London zurück-
kam, wurde er von Freunden aufgefor-
dert, das fortzusetzen, was er in den
Camps begonnen hatte. Im Mai 1941
gründete er die Revuebühne „Blue Danube Club", die dann sogar über das
Kriegsende hinaus bis 1954 (Zeitpunkt
der Rückkehr von Peter Herz nach
Wien) kabarettistisch buntgemischte Un-
terhaltungsprogramme bot. Im „Stacheldraht Kabarett" war eine Conference von
Peter Herz über die Einschätzung der
Weltlage ein fester Programmpunkt, der
dann auch als charakteristisch für den Stil
der „Blue Danube Club"-Programme
übernommen wurde. Der Österreicher
Theodor Kramer, der 1939 noch kurz
vor Ausbruch des Krieges – dank einer
kräftigen Intervention von Thomas
Mann – nach London einreisen durfte,
wurde im Mai 1940 interniert. Seine
wahren und einfachen Gedichte gehörten
zum Repertoire der lyrischen Lesungen
in den Camps.

Die Exilierten

Text: Max Zimmering
Lager Isle of Man, Hutchinson Camp, England, 1940

Wie viele Jahre sind dahingegangen,
Seit jenem Tage, da der Weg begann;
Der letzte Schnee am Bergeshang zerrann
Und Frühling war es, und die Vögel sangen,
Wir aber waren voller Traurigkeit –
Der Weg zur Grenze schien unendlich weit.

Als Deutschlands Erde unserm Blick entglitten
Im kühlen Nebel einer Frühlingsnacht,
Da haben wenige daran gedacht,
Wie schwer der Weg, den grad ihr Fuß beschritten.
Nicht jeder wußte, als der Weg begann,
Daß dies kein Weg zum Lande Kanaan.

Da war so mancher, der das Land verlassen,
Weil man ihm Wort und Brot vom Munde riß;
Der andre, weil man ihn mit Kot beschmiß –
Und viele kamen aus den schmalen Gassen,
Von Polizei im Keller aufgespürt:
Die hat der Kampf in das Exil geführt.

Exil, Vertreibung, Flüchtling, Emigranten –
Zu schwache Worte, ohne Klang und Kraft,
Um auszudrücken jene Wanderschaft
Des großen Zugs der Flüchtigen, Verbannten;
Die Wanderschaft, die große Prüfungszeit –
Wie viele dünkt sie eine Ewigkeit.

Wie viele Jahre, lange Jahre gingen,
Wie viele Menschen wurden morsch und schwach,
Weil täglich eine Illusion zerbrach,
An die sie jahrelang ihr Hoffen hingen.
Oft starb die Kraft an kleinem Zank und Zwist,
Der im Exile oft zu Hause ist.

So riß die Zeit am Heer der Ausgetriebenen,
Manch Schwacher brach, manch Starker fand den Tod
Und färbte Spaniens heiße Erde rot –
Prag schlug die nächste Wunde den Verbliebnen –
Dann kam der Krieg: ein schwerer Schritt. –
Wie viele gehen noch im Zuge mit?

Max Zimmering

Wie viele sind am Meer verschieden;
Es schmolz das Heer wie Schnee im Frühlingswind.
Die Zahl ist klein, doch die geblieben sind,
Sie sind Metall, gestählt in hundert Schmieden.
So ziehn sie zielwärts durch den Schlamm der Zeit –
Und läg das Ziel in der Unendlichkeit.

Wie viele Jahre sind dahingegangen,
Seit jenem Tage, da der Weg begann.
Es war kein Weg zum Lande Kanaan;
Doch jene, die durch alle Dunkel drangen,
Ziehn eines Frühlings in die Heimat ein –
Es wird ein Ende – und ein Anfang sein.

Exil in Amerika

Die bei weitem stärkste Gruppierung der exilierten deutschsprachigen Künstler war in den Vereinigten Staaten anzutreffen. Von 1933 bis 1944 wanderten 300000 in die USA ein, davon etwa 150000 aus Deutschland und Österreich. Der größte Teil dieser deutsch-österreichischen Emigranten kam „wegen religiöser oder rassischer Verfolgung" und suchte dort – der überwiegende Teil jüdische Geschäftsleute – eine neue Existenz. Nur ein geringerer Teil von 5%, etwa 7500 Emigranten war „wegen Opposition gegen das politische Regime in Deutschland" nach Amerika gekommen. Die offizielle Einwanderungspolitik der USA war schon früh bemüht, die Zahl der Einwanderer möglichst zu begrenzen. Mit dem „Immigration Act" von 1924 wurde die sogenannte Quotierung der Visa eingeführt, ein Limitierungssystem für Einwanderungen, das unverändert bis Ende des zweiten Weltkrieges gültig blieb. Die Länderquote Deutschland/Österreich sah jährlich 27230 mögliche Einwanderungen vor. Fünf Tage nach den Ausschreitungen gegen die Juden in Deutschland („Reichskristallnacht" vom 9./10. November 1938) fragte auf einer Pressekonferenz im Weißen Haus ein Reporter den amerikanischen Präsidenten: „Würden Sie einer Lockerung unserer Einwanderungsgesetze zustimmen, damit unser Land jetzt jüdische Flüchtlinge aufnehmen kann?" Darauf Franklin D. Roosevelt: „Das steht nicht zur Debatte. Wir haben unser Quotensystem." Nach dem Angriff der Japaner auf Pearl Harbor im Dezember 1941 verschärfte sich die Lage noch: Alle Japaner, Deutsche und Italiener wurden zu „feindlichen Ausländern" erklärt. Damit wurde die Bewegungsfreiheit der Emigranten stark eingeschränkt. Wesentlich

„Der Brandstifter"
1933, New York

einfacher dagegen verlief das Verfahren zur Erlangung der Staatsbürgerschaft durch die Benennung zweier amerikanischer Bürgen. Zahlreiche amerikanische Einrichtungen und Hilfsorganisationen unterstützten die Flüchtlinge. Von den in die USA emigrierten 1900 deutschsprachigen Wissenschaftlern und Schriftstellern sowie den 1018 Musikern erhielten die meisten eine Anstellung an einem der vielen wissenschaftlichen Institute wie Universitäten, Colleges oder Graduate Schools. Einige der Flüchtlinge – so auch Erika Mann –, fanden eine zeitweilige Anstellung als „Lecturers" im Rahmen bestimmter Vorlesungsreihen. Im Unterschied zu Exilzentren wie Prag, Paris oder London, wo von vornherein eine räumliche Konzentrierung vorhanden war, in der die Emigranten auch als Gruppe in Erscheinung traten und eher Aufmerksamkeit fanden, ist für das amerikanische Exil eine räumliche Zersplitterung charakteristisch. Gewisse räumliche Zentren bildeten sich lediglich Mitte der dreißiger Jahre in New York und Ende der dreißiger Jahre im Bereich von Los Angeles. New York war nicht zuletzt in künstlerischer und kultureller Hinsicht die Metropole, dazu trug vor allem der große Anteil der dort lebenden Juden bei. Daß Los Angeles eine vergleichbare Bedeutung errang, hat zum Teil mit der Filmindustrie Hollywoods zu tun, in der einige emigrierte deutsche Regisseure erfolgreich Fuß faßten, und mit den von ihnen eingeleiteten Hilfsmaßnahmen für zahlreiche Autoren, die als Drehbuchschreiber (u. a. Heinrich Mann, Alfred Polgar, Bertolt Brecht) oder als Filmkomponisten (u. a. Friedrich Hollaender, Ralph Benatzky und Paul Dessau) eine provisorische Anstellung fanden. Die wichtigsten kulturpolitischen Organisationen der Emigranten waren der am 23. September 1935 gegründete „Deutschamerikanische Kulturbund" (DAKV), eine Dachorganisation für verschiedene deutschsprachige Organisationen, Vereine und Einzelmitgliedschaften sowie der bereits 1924 ebenfalls in New York entstandene antifaschistische „Deutsch-Jüdische Club" (German Jewish Club) mit seinem Nachrichtenblatt „Aufbau", der vielfältige kabarettistische Unterhaltungsabende veranstaltete. Der Club, der 1940 seinen Namen in „New World Club" geändert hatte, zählte Ende 1942 an die 2000 Mitglieder. Diese Organisation stellte in der jüdischen Rundfunkstation WEVD unter dem Titel „Aufbau" wöchentlich für eine halbe Stunde emigrierte Künstler vor. Daraus wurde 1942 im Rahmen der German American Loyalty Hour die Sendung „We Fight Back". In dieser Sendereihe wurde mit Hörspielen, Sketchen, Liedern, Gedichten und akustischen Dokumentationen deutschsprachiger Emigranten gegen Fa-

„Die Nationalsozialisten werden sich so lange spalten, bis Hitler allein übrig bleibt, und auch er wird sich spalten"

schismus und Krieg gekämpft. Exilverlage und -zeitschriften entstanden: Wieland Herzfelde, der 1939 in die USA kam, versuchte seinen „Malik"-Verlag, den er 1917 in Berlin gegründet hatte und danach im tschechischen und englischen Exil weiterzuführen versuchte, 1944 als „Aurora"-Verlag wieder ins Leben zu rufen. 1941 hatten bereits Fritz H. Landshoff, der 1933 bis 1940 den „Querido"-Verlag in Amsterdam geleitet hatte und Gottfried Bermann-Fischer, sowie Kurt Wolff, der namhafte Verleger der expressionistischen Generation, ihre Exilverlage in den USA gegründet. Die Emigrationsbewegung deutschsprachiger Autoren, Komponisten und Theaterkünstler in die Vereinigten Staaten ist so umfangreich, daß hier nur einige Namen erwähnt werden sollen, die mit dem Kabarett in Verbindung stehen. An den grauen Piers des Hudson River auf der

Lotte Lenya

Kurt Weill
Zeichnung: Max Dungert

Westseite Manhattans hatten drei Brecht-Komponisten, zu unterschiedlichen Zeiten zwischen 1935 und 1939, zum erstenmal amerikanischen Boden betreten. Zwei von ihnen waren bei ihrer Ankunft in den USA bereits einigermaßen bekannt. Hanns Eisler als „berühmter Komponist der revolutionären Arbeiterklasse" und damit den Behörden verdächtig. Kurt Weill als „Dreigroschenoper"-Komponist. Der dritte, Paul Dessau, war bei seiner Ankunft in Amerika völlig unbekannt. Er hatte zwar in seinem Pariser Exil einige Texte von Bertolt Brecht vertont, die richtige Zusammenarbeit begann aber erst, als er Ende Mai 1943 von New York nach Kalifornien zieht und sich in der Nähe von Brechts Wohnort, in Santa Monica niederläßt. In dieser Zeit arbeitete Brecht auch intensiv mit Hanns Eisler zusammen. Die Internationalität ihres Kunstgenres erleichterte ihnen die Emigration in ein fremdsprachiges Land, deshalb kamen nicht nur Dirigenten, Konzertsolisten und Komponisten wie Arnold Schönberg und Paul Hindemith sondern auch erfolgreiche

Operetten-Komponisten wie Paul Abraham, Emmerich Kálmán und Oscar Straus, der schon 1901 für das erste deutsche Kabarett „Überbrettl" in Berlin die Chansons vertont hatte, über den großen Teich. Der Revue-Star Fritzi Massary und der Revue-Regisseur Erik Charell ließen sich an der Ostküste nieder. Paul Greatz, durch seinen berlinisch-schnoddrigen Mutterwitz auf den Kabarettbühnen vor 1933 in Berlin bekannt, starb 1937 in Hollywood an einer Blinddarmentzündung. „Freunde aber sagen, er sei an Heimweh gestorben" schrieb Karl Schnog in seiner Chronik „Das Ende der Spaßmacher". Die Schriftsteller Hermann Kesten, Hans Sahl, Friedrich Torberg und Franz C. Weiskopf hatten ebenfalls in den USA Asyl gefunden. Die Kabarett-Autoren Fritz Brainin aus Wien und Robert Gilbert, der Sohn des Komponisten Jean Gilbert aus Berlin und auch der Zeichner George Grosz, setzten ihre satirischen Arbeiten unter neuen Bedingungen fort. Die Theater-Regisseure Max Reinhardt, der 1901 das Berliner Kabarett „Schall und Rauch" initiierte,

Alexander Roda Roda

Curt Bois
Zeichnung: Emil Orlik

und Erwin Piscator, der 1924 neue Ak-
zente setzte, als er für die KPD in Berlin
rote Revuen inszenierte, bauten in Amerika eigene Theaterschulen auf. In be-
scheidenem Umfang konnten in den
Filmstudios von Hollywood die Autoren
Leo Lania und Fritz Rotter beschäftigt
werden. Beim Film hatten bereits Marle-
ne Dietrich, die sich seit 1930 in Hollywood aufhielt, Felix Bressart, Conrad
Veidt, Söke Szakall, Salka und Berthold
Viertel, die auch alle vor 1933 eingereist
waren, Fuß gefaßt. Als erste geschlosse-
ne Kabarettgruppe war Erika Mann mit
ihrer „Pfeffermühle" im Januar 1937 aus
dem Zürcher Exil nach New York gekommen. Die Schweizer Behörden hatten der politisch-satirischen Bühne unter
dem Druck Nazideutschlands die Lizenz
entzogen. Sie wandten sich nun am
Broadway an ein breites amerikanisches
Auditorium und übersetzten deshalb ihre
Texte und Lieder ins Englische. „Schauspieler und Sänger", so urteilte Erika
Mann später, „die in Deutsch außerge-
wöhnlich wirkungsvoll waren, fielen
weit unter ihren Standard, als sie in einer

fremden Sprache spielten." Außerdem
war die Form der Kleinkunst in den
USA bis dahin traditionslos und die
pointierten Texte ausschließlich auf die
europäische politische Szene gerichtet.
Diese aber war Amerikanern nicht sehr
vertraut. Therese Giehse und anderen
Mitgliedern der Truppe blieb nur der
Weg zurück nach Europa. Lotte Goslar,
die Tänzerin der „Pfeffermühle" blieb
und konnte mit ihrer wortlosen Kunst
zahlreiche Engagements finden. Zuerst in
der „Viennese Theatre Group", die im
Oktober 1938 von den österreichischen
Emigranten Viktor Grünbaum und Herbert Berghof gegründet worden war. In
der Zeit von 1939 bis 1940 brachte diese
Gruppe zwei Revuen heraus, die am
Broadway mit Erfolg aufgeführt wurden:
„From Vienna" und „Reunion in New
York". Dabei wurden erprobte Nummern aus den Wiener Kabaretts wie das
„Pratermärchen" von Rudolf Weys oder
„Der Lechner-Edi schaut ins Paradies"
von Jura Soyfer ins Englische übersetzt
und aufgeführt. Zu den Mitwirkenden
gehörten u. a. die Emigranten Elisabeth

Neumann, Maria Pichler, Illa Roden, Kitty Mattern, John Banner, Walter Engel, Fred Lorenz, Lothar Metzl und Paul Lindenberg. Lotte Goslar baute später ihre eigene Pantomimengruppe auf, mit der sie nach dem Krieg in verschiedenen europäischen Ländern gastierte.

Im Herbst 1924 hatte Kurt Robitschek zusammen mit Paul Morgan das „Kabarett der Komiker" als eine der populärsten Berliner Kleinkunstbühnen, eröffnet. Im September 1933 mußten sie die Leitung abgeben und emigrierten nach Wien. Dort fiel Paul Morgan im März 1938, nach dem „Anschluß" Österreichs, den Nazis in die Hände, die ihn zuerst in das KZ Dachau, dann in das KZ Buchenwald verschleppten, wo er im Dezember 1938 an Entkräftung starb. Kurt Robitschek floh in die USA und versuchte, das „Kabarett der Komiker" (Kadeko) in New York neu zu gründen. Unter der Devise, den Druck des Alltags vergessen zu machen, strapazierte er das Zwerchfell seiner Besucher mit Programmen wie „3 Stunden Lachen", „Lachen im Mai", „Ein Abend des Lachens", „Die Große Lachparade", „Lachen streng verboten". In geringem Maße war auch aktuelle antifaschistische Satire vertreten. Für ausverkaufte Häuser sorgten vorwiegend die ins Exil gegangenen bewährten Kabarettisten, unter ihnen Ilse und Curt Bois, Margo Lion, Charlie Brock, Hans Kolischer, Oscar Karlweis, der ehemalige Buchenwald-Häftling Hermann Leopoldi. Namhafte Schauspieler wie Siegfried Arno, Martin Berliner, Peter Preses, Ludwig Roth, Reinhold Schünzel, Ellen Schwannecke, Margrit Wyler brachten in gemischten Programmen zusammen mit amerikanischen Varietékünstlern Szenen, Sketche und Blackouts von deutschen und amerikanischen Autoren. Robitscheks Plan eines ständigen deutschen Theaters, für das er einige Bühnenstücke produzierte, scheiterte bereits im Grün-

KARL FARKAS

the famous continental MASTER
of ceremonies

Acts and Sings

ENGLISH
VIENNESE
HUNGARIAN
FRENCH

Author of more than 80 comedies, shows and plays, such as: "Wonder-Bar", "You Never Know", "By Candlelight" and others.

✦

ORCHESTRA VILLANYI WITH HIGH CLASS FLOOR SHOW
PROGRAM FREQUENTLY CHANGED

Karl Farkas Gastspiel
1941 im „Old Europa", New York

PABST-THEATER
Sonntag, 17. Jan., 8:50 abds
Großer Wiener Kabarett-Abend
Erstmalig zur Milwaukee
Mitwirkende: Dr. Ralph Benatzky, Elie Rauimann, Karl Farkas, Armin Berg u. a. mehr
Wiener Humor in Gesang und Vortrag
Die Wiener Henrigen—(Manhattan Schrammeln)
Eintrittskarten an der Kasse jetzt zu haben:
83c, $1.10, $1.65 und $2.20, Steuer eingeschlossen

─ **SAN FRANCISCO** ─
Der NEW WORLD CLUB of SAN FRANCISCO bringt am
SAMSTAG, den 29 Juli 1944, 8:45 p. m.
im RUSSIAN CENTER AUDITORIUM, 2450 Sutter St. (Divisadero)
KARL FARKAS
DER UNVERGLEICHLICHE WIENER HUMORIST
Einmal. Auftreten in einem lustigen WIENER KABARETT-ABEND
unter Mitwirkung von:
Stella Eyn, Konzertsängerin; Dr. Erich Schalacha, Kapellmeister
und Komponist, Schauspielhaus Breslau; Dr. Paul C. Tyndall,
Schauspieler, Volkstheater Wien.
Eintritt: $1.— plus tax — Strassenbahn: 1, 2, 8, C (Divisadero).
KARTENVORVERKAUF: Loewi Thrift, 311 Powell St; W.L. Inly; Author,
1706 Eddy St., WE. 9231; Fantasia Bros., 1021 Ebenth, PA. 2012.

Karl Farkas Gastspiele 1943/44 in Amerika

dungsjahr 1942. Dagegen hielt das „Kabarett der Komiker" seinen Spielbetrieb bis nach 1945 aufrecht. Unter dem Namen Ken Robey arbeitete er bis zu seinem Tod im Jahr 1959 als Agent im amerikanischen Showgeschäft.

Das Genre der satirischen Kleinkunst, das in europäischen Exilländern dominierte, konnte in Amerika keine große Anhängerschaft finden. Friedrich Hollaender, der mit seiner Frau, der Chansonniere Blandine Ebinger Ende Februar 1933 über Paris nach Hollywood emigriert war, versuchte dort vergeblich sein „Tingeltangel" mit englisch gespielten Programmen zu etablieren. Nach wenigen Monaten gab er auf und begann Filmmusiken zu schreiben. Da waren eher die Abende erfolgreich, die ab 1940 von Karl Farkas und Armin Berg, den Revue-Kabarettisten aus Wien veranstaltet wurden. Sie nahmen Willy Trenk-Trebitsch, Alexander Roda Roda und Ralph Benatzky ins Programm, wenn sie im „Old Europa" in New York ihre umjubelten Doppelconferencen spielten:

Farkas: Armin, wie lange bist du jetzt in Amerika?
Berg: Seit drei Jahren.
Farkas: Na, und wie schlägt man sich so durch als armer Emigrant?
Berg: Wunderbar, völlig problemlos. Ich kenne sogar einen Mann, der ist in dieser Zeit, hier in Amerika, zum Millionär geworden. Er war ein bettelarmer Wiener, der mit demselben Schiff wie ich herübergekommen ist.
Farkas: Großartig. Wie hat er das gemacht?
Berg: Im ersten Jahr war er Schuhputzer, im zweiten Tellerwäscher, im dritten Zeitungsverkäufer…
Farkas: Na, und?…
Berg: …und dann ist seine Tante in der

Schweiz gestorben und hat ihm zwei Millionen Franken hinterlassen!

Der Schauspieler und Regisseur Walter Wicclair (Walter Weinlaub) begann im Oktober 1939 in Los Angeles mit einer Gruppe junger emigrierter Schauspieler Kabarettabende zu geben und gründete, vom Erfolg ermuntert, bald darauf – anfangs unter dem Protektorat des „German Jewish Club" – die „Freie Bühne". Mit der Wiener Komikerin Gisela Werbezirk in der Hauptrolle spielte er vorwiegend Unterhaltungsstücke (Wicclair: „Ein gezieltes Repertoire war vermutlich keinem Emigrantentheater in Übersee möglich, denn jeder mußte sich den gegebenen Situationen anpassen."), aber auch Strindbergs „Totentanz" (1940). Zur „Freien Bühne" gehörte unter Leitung des Berliner Kabarettisten Elow eine Kleinkunstbühne, die 1941 kabarettistische Abende veranstaltete. Am Flügel saß der später durch seine „Lieder zum Fürchten" berühmt gewordene Georg Kreisler. Die „Freie Bühne" spielte noch nach dem Kriege bis 1949. Zu einer kontinuierlichen Kabarettarbeit aber kam es noch am ehesten in dem New Yorker Kabarett „Arche" und in der „Beggar-Bar" (Bettler-Bar), die von der Grotesktänzerin Valeska Gert eröffnet worden war.

Karljakob Hirsch stellte bereits 1946 über das Exilkabarett in den USA grundsätzlich fest: „In New York entstand eine Reihe von Kabaretts, die mit den Namen der besten deutschen und österreichischen Künstler geschmückt waren. Doch in der Emigration zeigte sich, daß es unmöglich war, aus der Atmosphäre der Sprache auszuwandern. Trotz aller Bemühungen ging das Publikum nicht so mit, wie man es von daheim gewöhnt war."

Greenhorn denkt nach

Text: Karl Farkas
Programm im „Old Europa", New York
1940 vorgetragen von Karl Farkas

Ich lebte still in Mährisch-Ostrau
Bis zu dem Tage, wo ich trist
Mich auf der Strecke Praha-Pisa
Dem Run um Visa vis-à-vis sah,
Und nicht wußt', was Heimat ist.

Seither zerstob meine Familie
In alle Windrichtungen fast,
Denn jeder wollt' in Landen landen,
Wo Landungsaussicht noch vorhanden
Mit jedem Paß, der päßlich paßt.

Nun hab' ich meine Frau in Frankreich
Und meine Schwester noch in Wien,
Es sitzt mein Sohn, der Börseaner
In Zürich als Costaricaner
Aus Krotoschin...

Karl Farkas
Zeichnung: Erich Sokol

Mein Schwiegervater lebt in China,
Im gelben Himmelreich der Mings;
Assimiliert sich in die Tiefe
Und schreibt mir vertikale Briefe,
Anstatt wie einst von rechts nach links...

Mein Töchterl ward durch Heirat Griechin –
(Bevor der Krieg so weit gedieh'n)
Ihr Paß ist leider aus Wolhynien,
Sonst wär' sie längst in Argentinien,
Als Ungarin...

Welch ein Gewirre von Nationen
Und Idiomen – babelhaft!
Das Sprachragout vom Bibel-Babel
Ist effektiv mehr keine Fabel –
Und doch so gar nicht fabelhaft...

Was für Geschlechter einst entstehen
Aus dieser polyglotten Sauce?
Hindo-Slovaken, Nil-Hussiten,
Vermischt mit Fidschi-Israeliten
Und strammen Czecho-Eskimos?

Auch geographisch welch ein Chaos,
Das grenzverrückt verrückt sich zeigt!
Lemberg gehört dem Reich der Reußen
Und Prag ist eine Stadt der Preußen –
Der Atlas streikt...

Mein lieber Gott, es dringt mein Flehen
Zu Dir durch Trümmer, Schutt und Rauch:
Beende froh mein Klage-Opus
Und schenk mir einen andern Globus,
Den ich unendlich dringend brauch'...

Berlin 1940

Text: Robert Gilbert
„Kabarett der Komiker", New York
1940 vorgetragen von Ilse Bois

Mutta, schmeiß mal 'ne Bombe runter,
Fritz will mir de Jasmaske klaun!
Oder soll ick lieber jleich mit die Schrippe
Een Loch in die Birne haun?

Mutta, jeh mal zu Lehmanns rüber,
Da ham se heut' Nacht beim Alarm
'Ne Leiche jymnastikt im Luftschutzkeller,
Weil se dachten, se wäre noch warm.

Mutta, mir paßt det Hemd nich' länger,
Ick sitz drin wie injeschlaucht.
Wozu haste bloß die Bezuchskarte jestern
Für Erich's zwee Knöppe vabraucht.

Mutta, hier is 'ne Ansichtskarte,
Von Vata, er schreibt aus'm Feld.
Er schickt uns een Viertel Pfund dänische Butter –
Und morjen die janze Welt.

Ilse Bois
Zeichnung: Emmerich Göndör

Resolution der bombardierten Babys

Text: Robert Gilbert
„Kabarett der Komiker", New York, 1944

Auf Grund der Tatsache, daß
Ein Kinderwagen kein Tank ist
Und ein Sauger kein M. G.,
Sind wir die faktisch schlechtest
Ausgerüstete Armee.
Und ebensowohl als auch
Eine Windel kein Panzerhemd ist
Und unser Stahlhelm nur aus Wolle,
Spielt sogar der Knallbonbon
Militärisch keine Rolle.

Darum:
Wir vereinigten mit Bomben belegten Babys beschließen –
Es wird tunlichst gebeten, über uns weg zu schießen.
Man verschone nach Möglichkeit unser zartes Gebein.
Auf die Frage, ob das Senfgas auf den Spielplatz gehört, sagen wir: Nein!

Und überhaupt:
Was nützen uns milchgesegnete Brüste,
Wenn ihr die Mütter erstecht?
Was nützt uns die gute Kinderstube,
Wenn ihr die Häuser zerstecht?
Mit zerschmettertem Rückgrat
Wird man schwerlich ein aufrechter Mann.
Der erste Gehversuch ohne Beine
Fängt denkbar ungünstig an.
Mit durchschossener Lunge
Gibt es kein lungenstärkendes Schrei'n.
Der Heldentod in der Wiege
Sollte von rechtswegen polizeilich verboten sein.

Und deshalb:
Wir vereinigten, mit Bomben belegten Babys erklären –
Niemand möge uns vor dem Waffenstillstand gebären.
Und hört dieser Unfug nicht auf, dann ergreifen wir andere Schritte.
Den nächsten Weltkrieg, Herrschaften, nur für Erwachsene, bitte!

Bettler-Bar

Die Grotesktänzerin Valeska Gert, die vor 1933 in verschiedenen Berliner Kabaretts und auf vielen Tourneen im In- und Ausland ihre Kunst, als Erfinderin des satirischen Ausdruckstanzes gezeigt hatte, wird auf den beiden Film- und Theaterseiten des Fotopamphlets „Das erwachende Berlin" von Josef Goebbels gleich zweimal abgebildet (zwischen Reinhardt, Barnowsky, Jessner, Kortner, Deutsch, Siegfried Arno, Pola Negri und Josephine Baker). Im August 1933 heißt es in der Monatsschrift „Völkische Kultur": „Die Bühne der Zukunft scheint gesichert zu sein, wenn man einfach die letzten 14 Jahre aus der deutschen Theatervergangenheit streicht.

Es ist naheliegend, daß Valeska Gert nun keinerlei Auftrittsmöglichkeiten mehr in Deutschland hat. Sie ist in dreifacher Hinsicht unerwünscht und zunehmend gefährdet: Zunächst als Jüdin, ferner gilt sie als politisch linksorientiert – während andere Tänzer in New York gastieren, wurde sie ins kommunistische Rußland eingeladen; sie zählt Brecht, Eisenstein, Pudowkin, Tretjakow, Hanns Eisler, Ernst Busch, Helene Weigel und viele andere politisch Unerwünschte zu ihrem Freundes- und Bekanntenkreis und ist zudem in „Roten Revuen", politischen Kabaretts und Veranstaltungen der Internationalen Arbeiterhilfe aufgetreten. Und drittens ist ihr künstlerisches Schaffen natürlich keineswegs „deutsch-völkisch im Sinne der nationalen Überlieferung und des deutschen Schicksals nordisch-germanisch im Sinne der Rasse" (Wolfgang Nufer, 1933) und kann von den Anhängern der neuen Ideologie nur als „entartet" eingestuft werden. Der „Grotesktanz" und die „Tanzkarikatur" gelten als widernatürlich und un-deutsch, die bereits auf vollen Touren

Valeska Gert
Zeichnung: Al Hirschfeld, 1939, New York

laufende Propagandamaschinerie bringt es mit Parolen wie „Fort mit den Neger-tänzen" auf einen Nenner. Valeska Gert ist auf Auslandsgastspiele angewiesen. Neben Budapest, Krakau und Paris ist sie häufig in London, ehe sie im Dezember 1938 nach New York flieht: „Mir war alles egal, ich wollte jetzt weg", schreibt sie in ihren Memoiren „Ich bin eine Hexe". Sie war als mittellose Emigrantin nach den USA gekommen, nicht vertraut mit den Gepflogenheiten des Landes der „unbeschränkten Möglichkei-

„Bettler-Bar" (Beggar-Bar), New York
1938, Anzeige

ten". Sie verdiente sich als Tellerwäscherin, Aktmodell und Tänzerin in einer Nachtbar ihren Lebensunterhalt. Auf Empfehlung von Curt Bry versuchte sie mit dem siebzehnjährigen Georg Kreisler als Pianisten zu arbeiten. Es bleibt bei den Proben. Bruno Frank, John Garfield, Alexander Granach und Fritz Lang sponserten am 2. Februar 1940 einen Auftritt im „Assistance League Playhouse" in Hollywood. Ihre freie Zeit verbrachte sie mit dem damals noch völlig unbekannten Tennessee Williams. Im Oktober 1940 gab sie zusammen mit Sonja Wronkow („singing in five languages"), mit der sie schon in der Berliner „Katakombe" gespielt hatte, Abende im „Cherry Lane Theatre" im New Yorker Stadtteil Greenwich Village. Den Sommer 1941 verbrachte Valeska Gert in Provincetown, wo sie erfolgreich längere Zeit im Hafenlokal „White Whale" auftreten konnte. Im Keller dieser „Wasserscheune" eröffnete sie im Dezember 1941, mit geliehenem Anfangskapital und zusammengebettelter Einrichtung ihre „Beggar-Bar" (Bettler-Bar). Kein Stück paßte zum anderen: Große und kleine, runde und viereckige Tische und Stühle, aus Küchen, Kneipen und Schlafzimmern stammend, bildeten das Mobiliar.

Ähnlich verhielt es sich mit Tassen, Tellern und Gläsern. Valeska Gert machte aus der Not eine Tugend, erhob das zusammengestopselte Allerlei zum Stilprinzip: „Was man sieht und hört, das atmet den internationalen Geist, der hierher gehört. Da erscheint auf dem Podium ein schmaler, junger Inder, um einen der gemessenen, mit kunstvollen Handgebärden dekorierten Tänze seiner Heimat zu zelebrieren. Aber dann kommt sie – mit ganz anderen Gebärden. Und sie singt, tanzt, spricht, lacht, gröhlt und quietscht ja in allen Idiomen dieser verworrenen Erde. Sie zeigt sich von ihren verschiedenen und amüsantesten Seiten: als Koloratursängerin (melodische Kaskade eines hemmungslosen Gelächters), als japanischer Schauspieler, als Tragédienne Française, als krächzendes, krähendes Baby; und sie hat auch ein paar neue Nummern wie ‚Coney Island'. Zwischendurch lädt sie ihre Gäste mit der ihr eigenen Energie zu aktiver Beteiligung ein... Der Keller, an diesem ersten Abend, war reichlich voll; bald wird die Zahl der Gäste vermutlich seine bunten Mauern sprengen." („Aufbau" vom 26. Dezember 1941). Am ersten Abend ist auch Ruth Anselm, die schon in ihrem Berliner „Kohlkopp" auftrat, dabei. Denn ebenso zusammengewürfelt wie die Einrichtung war auch das Programm. Eine Mademoiselle Pumpernickel von zwergenhaftem Wuchs spielte mit der präzisen Unbeteiligtheit eines elektrischen Klaviers Bach und Chopin; eine Dame mit dem klangvollen Namen Esmeralda sang französische Chansons; Punchio, ein einst gefeierter Conférencier, der zum Bettelgreis heruntergekommen war, verdiente sich ein paar Cents für Alkohol und Rauschgift. Allerdings sang hier auch vier Wochen lang Kadidja Wedekind, Frank Wedekinds Tochter, die Brettl-Lieder ihres Vaters. Aus den vielen namenlosen Mitwirkenden, die kurzfristig die Programme bereicherten, ragen Judith Malina und Julien Beck heraus, die später das „Living Theatre" begründeten. Judith Malina äußerte sich 1980: „Ich glaube, wir sind beständig von allem beeinflußt: von Piscator oder Meyerhold oder Valeska Gert oder Charlie Chaplin." Anfangs fehlte es an Publikum, dann verkehrten in der „Bettler-Bar" die Bohemiens – Tennessee Williams arbeitete nun als Kellner hier –, dann kamen Rowdies und Gangster, die mit dem Revolver den Gästen das Geld abkassierten und die Einrichtung demolierten. Schließlich wurde der Night-Club Mode, und die „high society" erschien in Zobel und Hermelin. Froh wurde Valeska Gert ihrer Gründung dennoch nie, denn was sie sich „eingebrockt" hatte, wurde ihr erst allmählich klar. Buchstäblich für alles waren Lizenzen erforderlich, und die Emigrantin, die nicht „vom Fach" war und die Schliche und Kniffe des Vergnügungsgewerbes nicht kannte, mußte oft genug den kürzeren ziehen. Als sie im März 1945 die Lizenz verliert, ist den Emigranten „unique night spot" als Geheimtip bekannt, die Dadaisten Richard Huelsenbeck, Marcel Duchamp und Hans Richter verkehrten hier, ebenso wie Walter Mehring und Mascha Kaléko, der immer einsamer werdende, expressionistische Dichter Albert Ehrenstein und die Interpretin der Brecht-Weill-Songs Lotte Lenya, die Frau des Komponisten Kurt Weill. Hans Sahl, einst ein namhafter junger Film- und Theaterrezensent, der 1941 aus einem französischen Lager über Marseille und Lissabon nach den USA fliehen konnte, äußerte sich 1973 über Valeska Gert: „Vielleicht fand sie surrealistischen Spaß daran, angetrunkene Matrosen auf Landurlaub durch die Verabreichung von Hot Dogs und Coca Cola zu Tode zu erschrecken, als der Park Avenue ihre Drinks zu mischen. Diese Frau gehörte an den Broad-

Valeska Gert

way, und zwar dorthin, wo es am grellsten war. Aber Amerika interessiert sich nur für Genies, die sich gut verkaufen lassen, und Valeska gehört zu den schwer verkäuflichen Genies."

Im Juni 1946 erhielt sie – auf Anraten Brechts – ein Visum in die Schweiz, von wo aus es leichter war, nach Deutschland einzureisen. Nach einer kurzen Zwischenstation in Zürich mit ihrem Kabarett „Valeska und ihr Küchenpersonal", betrieb sie von 1950 bis 1956 in Berlin ein ähnlich zusammengestoppeltes Kabarett unter dem Namen „Hexenküche" und danach – bis zu ihrem Tode 1978 – in Kampen auf Sylt das Kabarettlokal „Ziegenstall".

Arche

Anfang des Jahres 1943, relativ spät, wurde in New York das jüdisch-politische Kabarett „Arche" von den mitspielenden Autoren Oscar Teller und Erich Juhn gegründet, das sich von Programm zu Programm profilierte. Wesentlichen Anteil daran hatten die Hausautoren Jimmy Berg, Egon Eis, Hugo F. Königsgarten, dessen Texte vom Londoner „Laterndl" (z. B. „Wiener Ringelspiel") hier wieder aufgeführt wurden, Victor Schlesinger, der Schüttelreimer Franz Mittler, der neben Jimmy Berg und Stefan Wolpe auch als musikalischer Leiter fungierte, sowie das ausgezeichnete Ensemble mit u. a. Doris Dorsay, Gertrud Hill, Vilma Kürer, Kitty Mattern, Erna Trebitsch, Arthur Hoff, Werner Kemp, Fritz Spielmann und – als einzige Nichtjüdin – Ellen Schwannecke. Der Zeitung „Aufbau" erzählte Ellen Schwannecke im April 1943, wie sie zum Kabarett „Arche" kam: „Ich hatte wirklich – Gottseidank – schon beinah' vergessen, daß ich (wie es die Barbaren nennen) eine ‚Arierin' bin … Ich fühle mich hier zuhause, und niemandem fällt es ein, nach Religion und Rasse zu fragen. – Nochmals: Gottseidank! Aber es kommt immer anders … Vor ungefähr zwei Wochen kamen zwei Herren zu mir, die wieder einmal an mich die ‚Rassen-Frage' stellten. Ich war schrecklich erstaunt. Meine Besucher lächelten verständnisvoll und sagten: ‚Uns macht's nichts. – Hätten Sie Lust bei uns aufzutreten?' Die zwei Herren (Erich Juhn und Oscar Teller) von dem jüdisch-politischen Kabarett ‚Arche' gehörten zu dieser kleinen Gruppe von talentierten und begeisterten Schauspielern, die tagsüber in profanen Berufen ihr Brot verdienen und des Abends unermüdlich probieren … Dieses Kabarett hat in kurzen Monaten den

MASTER THEATER
103RD STREET AND RIVERSIDE DRIVE

SAMSTAG DEN 19. UND SONNTAG DEN 20. FEBER
SAMSTAG DEN 26. FEBER 1944 - 8:30 P. M.
UND JEDEN SAMSTAG 8:30 P. M.

DAS NEUE HITPROGRAMM DER
JÜDISCH - POLITISCHEN
KLEINKUNSTBÜHNE

DIE ARCHE

Sorgen von Morgen

EIN NEUER "ARCHE"-OLOGISCHER BILDERBOGEN
Starring: FRITZ SPIELMANN Introducing: GERTRUD HILL · FRANK HEIM
Das Ensemble: Jimmy Berg – Susanne Buch – Arthur Hoff · Erich Juhn
Werner Kemp · Margot Rosen – Victor Schlesinger – Erna Trebitsch

„Arche", New York
1944, Plakat „Sorgen von Morgen"

Beweis erbracht, daß in New York eine deutschsprachige Kleinkunstbühne Lebensberechtigung hat." Charakteristisch für die „Arche" waren der Unterhaltungswert, der Mut zur Kritik und Selbstkritik und die kämpferische Haltung; seichte Witzelei, wie sie bisweilen das „Kabarett der Komiker" bot, schloß sich von selber aus. In den Kritiken wird wiederholt der gelungene Versuch hervorgehoben, daß sich die Lachen und Nachdenken provozierenden Texte stets im richtigen Verhältnis gegenüberstanden. Oscar Teller hatte bereits 1927 mit Victor Schlesinger in Wien das „Jüdisch-Politische Kabarett" geleitet, das sich gegen das Assimilationsbestreben österreichischer Juden an ihre zum Teil anti-

„Arche", New York
1936 1. Programm: „Reise der Weltgeschichte"
v. l. Vilma Kürer, Erna Trebitsch, Werner Kemp,
Arthur Hoff

semitische Umwelt richtete. Diese Inten-
sion übernahm Teller auch in die fünf
Programme der „Arche", die bis 1945
unter den Titeln „Reisende der Weltgeschichte", „Gesäubertes und Ungesäubertes", „Newcomer's Cavalcade", „Ro-
sinen und Mandeln" und „Akiba hat
Recht gehabt" herausgebracht wurden
und die das Kabarett – auch auf Gastspielen von Boston bis Philadelphia – jeweils etwa hundertmal spielte. Nach dem
Krieg machte Oscar Teller die satirische
Kunst des jüdisch geprägten deutsch-
österreichischen Kabaretts in Israel populär.

Leben und Lieben im Dritten Reich

Text: Victor Berossi
Musik: Heurigen-Melodie
„Arche", New York
1. Programm „Reisende der Weltgeschichte"
1943 vorgetragen von Oscar Teller, Victor Schlesinger

Es dauert zwar lang, doch erzähl'n wir jetzt Euch
Vom Leben und Lieben dort im Dritten Reich.
Es ist ein S.A. Mann – vielleicht ein S.S.,
Lernt kennen ein Mädchen und dessen Adress'.

Erst prüft er – begreiflich –, damit er gleich sieht:
An ihr ist unzweiflich gar nichts negroid.
Bewundert das Blondhaar, das manchmal nicht schlecht.
Die Zöpf sind zwar falsch, doch das Blond, das ist echt.

Sieht nach, ob die Zähne nicht zu vorgestreckt.
Es sind zwar die Dritten, doch ziemlich korrekt.
Dann gehn sie zum Zahnarzt: Dort wird sie geprüft,
Ob alles nur rassisch erhöht und vertieft.

Drauf sagt der Herr Zuchtwart: es ist Ihnen klar, –
Bei uns kriegen die Frauen zwei Kinder pro Jahr.
Sie äußert Bedenken und macht draus kein Hehl –
Doch da schreit der Zuchtwart: Befehl ist Befehl!

Beim ersten Kind geht's ja, drum schweigt sie dazu.
Der Zuchtwart sagt Broches[1], die zwei gehn zur Ruh.
Sie glauben vielleicht, das ist alles nur „Hetz"?[2]
Nein! Das ist dort Vorschrift; das ist dort Gesetz!

Und schon nach sechs Monat', ein Bub', wie's gefragt,
Ganz blond, blaue Augen – dem Adolf gesagt[3]! –
Und unter der Nase, da sieht man bewegt,
Daß der Bub schon das Bärtchen von Adolfen trägt.

Der Vater ganz stolz, als den Knaben er sieht,
Hebt grüßend die Hand – folgt das Horst-Wessel-Lied.
Der Bub' muß A-A, doch auf's Leben bedacht,
Steht während des Singens er trotzdem „Habacht!"«

[1] Broches: Segenssprüche
[2] „A Hetz": (wienerisch) Spaß
[3] „Dem Adolf gesagt": (jiddisch) Sei es gewünscht

Sie glauben vielleicht, das ist alles nur Hetz?
Nein, das ist dort Vorschrift, das ist dort Gesetz.
Bald geht er zur Schule. Dort lernt er nicht faul:
So halt' ma a Bomben und so halt' man's Maul.

Denn später, da wird er S.A. und S.S.,
Lernt kennen ein Mädchen und seine Adress'.
So ist halt der Deutsche, das is' sei' Natur;
A Goethe, der macht halt noch lang ka Kultur.

„Deutschland über alles", „Horst Wessel" sogar
Genügt für ganz Deutschland als Repertoire.
Wer immer dort Herrscher, es hat keinen Sinn,
Dort paßt nur der Hitler und Streicher[4] gut hin.

Ein Deutscher allein, das ist sehr oft sehr nett,
Doch viere sind immer ein Streicher-Quartett.
A Fahne, a Musik und Stechschritt dazu, –
Das brauchen die Deutschen, sonst geb'n 's ka Ruh'.

Habachtstehn und Kriegführ'n, dann geht's ihnen gut,
Zur Vollständigkeit fehlt dann nur noch der Jud.

[4] Julius Streicher (1885–1946), Herausgeber des anti-
semitischen Hetzblattes „Der Stürmer"

Der Reisepaß erzählt

Text: Hugo F. Königsgarten
„Arche", New York
1. Programm „Reisende der Weltgeschichte"
1943 vorgetragen von Oscar Teller

(Szene: Ein riesengroßer, aufgeschlagener Paß; an
Stelle der Paßphotographie eine Öffnung, durch die
der Kopf des Schauspielers sichtbar ist.)

Mein Vater war ein Polizeibeamter
In einem Polizeikommissariat,
Die Mutter eine Polizeibeamtin
Am selben Ort in der selben Stadt.
Ich war gezeugt auf einem alten Schreibtisch
Im dritten Stocke, links, auf Zimmer 4,
Das Licht der Welt erblickte ich dann später
Auf Treppe 7, rechts, die dritte Tür.
Zum Namen gab man in der Taufe mir
Die Nummer Kf Strich 3604.

Das Leben führte mich durch viele Hände,
Nicht alle schmutzig, doch nicht alle rein.
Man prüfte mich von Anfang bis zu Ende,
Und jede drückte mir 'nen Stempel rein.
So wurden meine ehemals weißen Blätter
Beschrieben und bestempelt Jahr um Jahr,
Bis von der einst'gen reinen Unschuldsfarbe
Nicht mehr ein einziges Fleckchen übrig war.
Fast wundert's mich, daß ich noch immer führ'
Die Nummer Kf Strich 3604.

Ich wanderte durch mancher Herren Länder,
Freiwillig manchmal, aber manchmal nicht.
An jeder Grenze ward ich neu bestempelt,
Nicht immer mit dem freundlichsten Gesicht.
Und eines Tages hab' ich mich vermählet
Mit Kf Strich 3604 Strich b,
Und eh' ich richtig noch bis drei gezählet,
Gab's auch 3604 Strich c und d.
So lebten traulich im Vereine wir,
Die Nummer Kf Strich 3604

Jimmy Berg

Dann ward ein Affidavit* mir verliehen –
Das war mein schönster Lebensaugenblick!
Doch später habe ich dann eingesehen,
Auch das allein bedeutet nicht das Glück!
Und jetzt, da meine Blätter lose werden,
Mein Rücken nicht mehr ganz zusammenhält,
Nun stempeln mich „ungültig" die Behörden
Und ich geh ein in eine bessere Welt.
Ich bitte: Schreibet auf den Grabstein mir:
„Hier ruht in Gott Kf 3604".

* Affidavit: Bürgschaftserklärung für Asylbewerber
durch einen Staatsbürger des Gastlandes.

Man stellt sich um

Text, Musik: Jimmy Berg
„Arche", New York
2. Programm „Gesäubertes und Ungesäubertes"
1943 vorgetragen von Oscar Teller

Sich umzustellen, das ist gänzlich unvermeidlich,
Das wissen alle Leute „from the other side".
Die „Tausend Worte Englisch" sprechen wir schon leidlich,
Zur Perfektion fehlt nur mehr eine Kleinigkeit.
Nach Coney Island fahren wir statt in den Prater,
Statt im Kaffeehaus spielt man Bridge im Furnished Room[1],
Und her zu uns kommt Ihr anstatt ins Burgtheater –
Man stellt sich um – man stellt sich um.

In unserm Haus der Elevator Operator
Der war in Europa ein juristisches Genie,
Und jeden Monat kommt der Fullerbrush-Vertreter,
Der war ein Doktor der Philosophie.
So sitzt man jetzt am Broadway und auch in Brooklyn da,
Beruf und auch den Namen ändert man drum.
Sogar „Die Fledermaus" nennt sich heut „Rosalinde" –
Man stellt sich um – man stellt sich um.

Einmal, da fielen jede Nacht auf London Bomben
Und die Germanenherzen schlugen voller Lust.
Heut sitzen die Berliner Herren in Katakomben
Und es schaut traurig aus in jeder Heldenbrust.
Der Drang nach Osten, der begann mit Freudenfesten,
Von Beute träumten sie und von Soldatenruhm.
Dann plötzlich hab'n die Russen einen Drang nach Westen –
Man stellt sich um – man stellt sich um.

[1] Furnished Room: Möbliertes Mietzimmer.

So manche Leute nannten gerne sich mosaisch
Und abgesehen davon war'n sie sehr elegant.
Heut' sind sie nichts als Juden und noch, wie prosaisch,
Mit Affidavitgebern aus Bronx[2] verwandt.
Der Emil Ludwig[3] schrieb einst ohne Wimperzucken
Von Mussolini[4] und seinem Heldentum.
Heut' möcht er gern das Manuskript verschlucken –
Man stellt sich um – man stellt sich um.

Man sah den König von Italien und Albanien
Auf tausend Bildern mit dem Duce Arm in Arm,
Er spielte mit in Abessinien und in Spanien,
Er gratulierte Hitler zum Geburtstag warm.
Doch wenn er auch ein Autokrat und Potentat war,
Als Liberale nehmen wir ihm das nicht krumm,
Wenn er heut' schwört, daß er schon stets ein Demokrat war,
Man stellt sich um – man stellt sich um.

Ja, viele Leute richten sich nach diesem Motto
Und manche, die versprechen sich sehr viel davon,
Es träumt sogar schon wieder ein gewisser Otto[5]
Von einem Häusel in Schönbrunn und einem Thron.
Einst lebte in der Arche die Familie Noah,
Doch heute hat sie ein ganz andres Publikum,
Man sieht die Leute von Makkibi[6] und Hakoah[6] –
Man stellt sich um – man stellt sich um.

[2] Bronx: Ostjudenzentrum in New York.
[3] Emil Ludwig (1881–1948), jüdischer Schriftsteller,
gab 1922 das Christentum öffentlich auf, 1940–45 in
den USA.
[4] Benito Mussolini (1883–1945), errang ab 1922 als
„Duce" diktatorische Gewalt in Italien.
[5] Otto von Habsburg (geb. 1912), verzichtete 1961
auf seine Thronansprüche.
[6] Makkibi, Hakoah: Vor 1933 gab es in Berlin und
Wien national jüdische Sportclubs dieser Namen.

Exil von Spanien bis Skandinavien

Deutsches Kabarett mit deutsch spre-
chenden und deutsch singenden Kabarettisten im fremdsprachigen Ausland – das
sollte mehr als nur ein familiäres Mutzu-
sprechen sein. Am aktivsten und am frü-
hesten waren deshalb auch die Agitprop-
Truppen der äußersten Linken im Exil
neu entstanden.

Es gab sie innerhalb der Internationalen
Brigaden in Spanien, die von 1936 bis
1939 gegen das faschistische Militärregi-
me von General Franco kämpften. Innerhalb der Kulturarbeit der Internationalen
Brigaden gab es verschiedene Zeitschriften und eigene Rundfunksender, in denen beispielsweise die Spanienkämpfer
Ludwig Renn und Erich Weinert ihre satirischen Gedichte veröffentlichten.

Ernst Busch sang bei vielen Veranstaltungen antifaschistische und solidarisie-
rende Kampflieder, die Hanns Eisler, G.
M. Schneerson u. a. vertonten. Das „Illegale Flüsterlied" verdeutlicht die Unter-
grundarbeit der Freiheitskämpfer:

Man fängt uns nicht, man hört uns nicht,
Wir leben nicht im Hellen.
Die List des Feinds zerstört uns nicht,
Das Netz der roten Zellen.
Wir sind wie Atem, Luft und Wind,
Der Feind kann uns nicht greifen.
Er starrt sich seine Augen blind,
Und fühlt nur, daß wir reifen.

Bertolt Brecht lebte seit Ende 1933 in
Dänemark und hatte der antifaschisti-
schen Theaterarbeit – vor allem durch die
Aufführung seines Lehrstücks „Die
Rundköpfe und die Spitzköpfe" (1936)
starke Impulse gegeben. Lulu Ziegler,
Skandinaviens bedeutendste Chansonnie-
re hatte die Songs von Brecht und Weill

„Hitler pacificador" –
„Hitler, der Friedensbringende"

in ihrem Repertoire. Nachdem am 9.
April 1940 deutsche Truppen in Dänemark und Norwegen eingedrungen waren und die Länder besetzten, gründete
Lulu Ziegler ihr Kopenhagener Kabarett
„Lille Kongensgarde" (Kleine Königs-
straße), in dem auch deutsche Emigranten auftraten. Wieder halfen die Organisationen der Emigranten bei der Aufführung von Theaterstücken, der Gründung
von Verlagen und der Herausgabe von
Zeitschriften in Dänemark, Schweden
und Norwegen. Finnland war dagegen
als Exilland kaum von Bedeutung, aber
immerhin Station auf dem Fluchtweg
einiger deutscher Emigranten.

Der Volkskundler und Liedersammler
Wolfgang Steinitz regte Anfang 1939 den
Zusammenschluß deutscher Emigranten
im schwedischen Exil an und gründete
die „Hochschule für freie deutsche For-
schung". Curt Trepte, der 1934 in Moskau an der Agitprop-Truppe „Kolonne
Links" beteiligt war, gründete in Stock-

Laszlo Békeffi

„Freie Bühne", Stockholm
1944 Programm: „Was mancher nicht kennt"
Rosalinde von Ossietzky liest das Gedicht „Zuruf"
von Oskar Maria Graf

holm die „Freie Bühne" unterstützt vom auch dort entstandenen „Freien Deutschen Kulturbund" (FDKB). Im Februar 1944 gab die „Freie Bühne" in der Bogarskola einen „Theater- und Kleinkunstabend" unter dem Titel „Was mancher nicht kennt", an dem Rosalinde von Ossietzky Gedichte von Oskar Maria Graf las. Auf dem Programm standen die Lieder und Texte der in Nazideutschland verbotenen Autoren. Der erfahrene Theatermann Herman Greid übertrug mit seiner Agitprop-Truppe „Unga Röster" (Junge Stimmen) die Traditionen und Methoden des deutschen Arbeitertheaters auf das schwedische Exil. Bis dahin war das politische Kabarett in Schweden nicht bekannt. Als nach der Besetzung Dänemarks und Norwegens der bekannte schwedische Chansonsänger Karl Gerhard sein nicht weniger populär gebliebenes Chanson vom „Trojanischen Pferd" sang, reagierte der deutsche Botschafter mit einem Protestschreiben. Doch es gab in den skandinavischen Ländern, wie auch in der Sowjetunion, wo Erwin Piscator und die „Kolonne Links" unter Gustav von Wangenheim arbeiteten kein echtes Emigrantenkabarett. Allerdings agitierten die russischen Kabaretts den Faschismus und

auch im Budapester Kabarett „Podium" von Laszlo Békeffi diskutierten Hitler und Mussolini über die Nürnberger Rassengesetze. Als sich eines Abends aufgrund einer „technischen Panne" der Vorhang nicht heben will, tritt Békeffi an die Rampe, mustert die blockierten Vorhangteile und meint: „Keine Angst, es dauert nicht lange, dann hängen sie alle (wieder) richtig..." Drei Tage später wird er verhaftet und nach Dachau deportiert. Er entkommt, stirbt aber auf dem Umweg über die USA und Kanada angekommen in seinem ungewollten Exil in Zürich.

Über den Moskauer Rundfunk sprach Erich Weinert 1942 satirische Gedichte wie „Der Führer", die als Flugblätter über der gegnerischen Front abgeworfen wurden. Auf dieser Ebene der Auseinandersetzung hatte der sonst kaum verlegene Goebbels wenig anzubieten, denn bereits auf die Äußerung des folgenden Vierzeilers ergingen mehrere Todesurteile in Nazideutschland:

Komm, Adolf Hitler, und sei unser Gast
Und gib uns all das, was du uns
    versprochen hast,
Aber nicht Pellkartoffeln und dazu
    kleinen Hering,
Sondern, was du selber ißt und Hermann
    Göring.

Erich Weinert
Zeichnung: Otto Bittner

Der Führer

Text: Erich Weinert
Moskau, 1942

Manch gekrönter Abenteurer
Hat in Deutschland schon regiert,
Manche polternden Erneurer
Haben uns schon angeführt.
Viel war nie davon zu halten;
Doch man konnt es noch verstehn:
Diese, auch als Staatsgewalten,
Waren immerhin Gestalten –
Aber ausgerechnet den?

War nun in der Zeit der Krise
Irgendeiner aufgetaucht,
Ein Prophet, ein Kerl, ein Riese,
Wie die rauhe Zeit ihn braucht,
Gleich als Tempelstürmer kenntlich,
Ein Rebell, ein Phänomen,
Wo die Menge ruft: na endlich,
Alles wäre noch verständlich –
Aber ausgerechnet den?

Diesen Hindenburgumschwänzler,
Diesen tristen Hampelmann,
Diesen faden Temperenzler,
Der's nicht mal mit Weibern kann,
Diesen Selterswassergötzen,
Dies Friseurmodell auf schön,
Davon laßt ihr euch beschwätzen?
Und man fragt sich mit Entsetzen:
Aber ausgerechnet den?

Später einmal unsre Kinder
Sehn ihn im Panoptikum.
Um den ausgestopften Schinder
Stehn sie dann verwundert rum.
Und sie werden von euch sagen:
Alles könnte man verstehn,
Was das Volk in frühern Tagen
An Gestalten schon ertragen ...
Aber ausgerechnet den?

Der Führer

Tempo di Waltz

Poco Allegro ma non

Manch ge - krön-ter A - ben-
man - che pol-tern-den Er -

troppo

teu - rer ⎯ hat in Deutschland schon re - giert.
neu - rer ⎯ ha - ben uns schon an - ge - führt.

Viel war nie da - von zu hal-ten; doch man konnt' es

noch ver-stehn: die - se, auch als Staats - ge - wal-ten,

wa - ren im-mer - hin Ge - stal-ten – a - ber

aus - - ge - rech - - net den? A - ber

aus - - ge - - rech - - net den?

rit. -

168

Ernst Busch und Erich Weinert
1936 in Moskau

Exil von Mexiko bis Shanghai

Bei weitem nicht alle kabarettistischen und kabarettähnlichen Aktivitäten der deutschsprachigen Emigranten konnten erwähnt werden. Immerhin waren es rund dreitausend Theaterkünstler, die aus Nazideutschland emigrierten. In 50 Ländern fanden sie Asyl, und in rund 20 dieser Länder gaben sie Theateraufführungen, Kabarettvorstellungen und literarisch-musikalische Abende. In Sydney, Australien, veranstaltete der österreichische Emigrant Karl Bittmann 1944 „Bunte Abende", bei denen er selbst und Freunde auftraten. Der Theatermann P. Walter Jacob, der 1939 nach Argentinien emigriert war, inszenierte dort ab 1940 in seiner „Freien Deutschen Bühne" mehrere Kabarett-Programme unter Verwendung von Texten, die Erich Kästner und Bertolt Brecht geschrieben hatten und ebenso neu entstandenen von Franz Georgi. In den Szenen und Sketchen wirkten u. a. mit: Hedwig Schlichter, Anni Ernst, Ida Meval, Liselott Reger-Jacob, William Harding und Victor Parlayhy. Eine österreichische Emigrantengruppe in Caracas (Venezuela) brachte die Revue „Wien, wie es war, ist und sein wird" zur Aufführung, als Textautor, Komponist und Regisseur fungierte Hugo Wiener. In Palästina spielte neben Stalla Kadmons „Papillon", das aus Berlin emigrierte jüdische Kabarett „Kaftan" mit Ruth Klinger und Maxim Sakaschansky. Hermann Vallentin, der Bruder von Rosa Valetti, veranstaltete Rezitationsabende und an den sogenannten „literarischen Litfaßsäulen" oder auch „gesprochenen Zeitungen" beteiligten sich Louis Fürnberg, Katinka Küster, Heinz Politzer und Wolfgang Yourgrau. 1938 gründeten

„Kaftan", Palästina
1940 mit Ruth Klinger und Maxim Sakaschansky

unter Leitung von Alfred Wolf deutsche Theateremigranten das „Theatron Haivri" (Hebräisches Theater); zu ungefähr derselben Zeit fand sich eine Gemeinschaft deutscher Kunst- und Literaturfreunde mit palästinensischen Künstlern zu der Vereinigung „Jafia" zusammen, die mit Kleinkunstabenden die neueingewanderten Künstler unterstützen wollten. Sogar in Shanghai, wohin es etwa 18 000 jüdische Emigranten verschlagen hatte, fanden deutschsprachige Kabarettabende statt. Unter der Leitung von Walther Friedmann und Desiderius Grün spielte ein umfangreiches Ensemble mit dem Conférencier Heinz Ganther und dem Pianisten Hans Bär in den Sälen der Heime von Hongkju, wo die Emigranten untergebracht waren. Abendfüllende Stücke u. a. von Brecht, Hasenclever, Klabund, Nestroy und Friedrich Wolf standen ebenfalls auf dem Spielplan. Ein

P. Walter Jacob

Heinz Ganther, Shanghai
1945, Programmheft „Höhepunkte der Kleinkunst"

vielseitig künstlerisches Programm zeigte auch der von deutschen Emigranten gegründete Heinrich-Heine-Klub Mexiko, dessen Präsidenten Anna Seghers und Egon Erwin Kisch waren. Theateraufführungen unter der Regie von Günther Ruschin und die von Steffi Spira geleiteten kabarettistischen Abende waren besonders erfolgreich. Im Mai 1945 stand ein Kabarettabend auf dem Programm unter dem Titel „Zehn kleine Meckerlein…" und verwendete damit einen Text, der im nationalsozialistischen Deutschland, das erst am 8. Mai 1945 von den Truppen der Exilländer befreit wurde, in dieser Zeit nicht öffentlich vorgetragen werden konnte. Dieser anonym geschriebene Text ist gleichsam das Motto für ein Kabarett, das auch in jener schweren, bedrohlichen Zeit nicht umzubringen war:

„Üben, üben, üben…?"
1939 Zeichnung von einem illegalen Flugblatt

Zehn kleine Meckerlein, die saßen einst
  beim Wein;
Der eine machte Goebbels nach,
Da waren es noch neun!
Neun kleine Meckerlein, die hatten was
  gedacht; –
Dem einen hat man's angemerkt,
Da waren es nur noch acht!
Acht kleine Meckerlein, die hatten was
  geschrieben; –
Dem einen hat man's Haus durchsucht,
Da waren es nur noch sieben!
Sieben kleine Meckerlein, die fragten
  einmal „schmeckt's?"
Der eine sagte „Schlangenfraß",
Da waren es nur noch sechs.
Sechs kleine Meckerlein, die schimpften
  auf die Pimpfe,
Der eine sagte „Lausepack",
Da waren es nur noch fünfe.
Fünf kleine Meckerlein, die saßen am
  Klavier; –
Der eine spielte Mendelssohn,
Da waren es nur noch vier.
Vier kleine Meckerlein, die kannten Dr.
  Ley[1]: –
Der eine wußte was von ihm,
Da waren es nur noch drei.
Drei kleine Meckerlein, die nannten
  Mythos „Dreck"; –
Da holte Pg Rosenberg[2] gleich zwei von
  ihnen weg.
Ein kleines Meckerlein ließ dies Gedicht
  mal sehn; –
Man brachte es nach Dachau hin;
Da waren es wieder – zehn.

[1] Robert Ley (1890–1945, ab 1933 Leiter der Deutschen Arbeitsfront (DAF).
[2] Alfred Rosenberg (1893–1946), ab 1921 Haupt-
schriftleiter des „Völkischen Beobachter", führender
NS-Ideologe.

Register

Die Namen aus den Anmerkungen fehlen. *Kursiv* gesetzte Seitenzahlen verweisen auf Abbildungen.

Noten: Curt Bry, Hanns Eisler
Fotos: Leo Kosz, Paul Schrantz, Deutsches Kabarett
Archiv
Zeichnungen: Karl Arnold, Isidor Aschheim, Otto
Bittner, Paul Citroen, Max Dungert, Fritz Eichen-
berg, Emmerich Göndör, H. Herrmann, Al Hirsch-
feld, Kurt Loew, Clément Moreau, Emil Orlik,
Erich Sokol, A. Paul Weber, Fritz Wolff, Wolpe-
Wooping

Kabarettgeschichte-n

Eine Buchreihe von Reinhard Hippen
im Pendo Verlag

Von den geplanten 25 Titeln sollen jährlich 3 bis 4 Titel erscheinen. Die Titel erscheinen nicht in chronologischer Reihenfolge. 1986 sind die Nummern 9, 10 und 14 erschienen, 1987 folgen die Nummern 4, 13 und 23.